Karl-Hans Seyler

Geschichte/Politik/ Geografie PLUS

8. Jahrgangsstufe

Band 2

umweltfreundlich auf chlorfreiem Papier

© pb-verlag • München • 2020

ISBN 3-89291-**628-4**

Vorwort

„LehrplanPLUS" steht für ein umfangreiches Lehrplanprojekt, in dem zeitgleich und inhaltlich abgestimmt die Lehrpläne für alle allgemein bildenden Schulen sowie die Wirtschaftsschulen und die beruflichen Oberschulen überarbeitet werden. Im Mittelpunkt des Konzeptes „LehrplanPLUS" steht der Erwerb von überdauernden Kompetenzen durch die Schülerinnen und Schüler. Diese Kompetenzen gehen über den Erwerb von Wissen hinaus und haben stets auch eine Anwendungssituation im Blick. Über den Unterricht erarbeiten sich die Schülerinnen und Schüler also „Werkzeuge", die sie zur Lösung lebensweltlicher Problemstellungen, zur aktiven Teilhabe an gesellschaftlichen Prozessen und an kulturellen Angeboten sowie nicht zuletzt zum lebenslangen Lernen befähigen. Wissen allein ist noch keine Kompetenz. Ohne Wissen ist aber auch kein Kompetenzerwerb möglich. Deshalb verbindet der LehrplanPLUS den aktiven Erwerb von Wissen und Kompetenzen im Unterricht. Diese organische Verbindung wird u. a. dadurch deutlich, dass die Lehrpläne auch in Zukunft explizit Inhalte ausweisen, an denen verschiedene Kompetenzen erworben werden können.

Durch die Orientierung am Erwerb von Kompetenzen werden im neuen Lehrplan die Bildungsstandards der Kultusministerkonferenz explizit berücksichtigt.

Grundlegende Kompetenzen zum Ende der 8. Jahrgangsstufe:

• Die Schülerinnen und Schüler orientieren sich topographisch und naturräumlich in Nordamerika auf der Grundlage eines vertieften Kartenverständnisses.

• Sie beschreiben die Lebensbedingungen Jugendlicher in der Stadt und auf dem Land und setzen sie in Beziehung zu ihren eigenen, um die unterschiedlichen Bedingungen verschiedener Heimaträume zu erfassen.

• Die Schülerinnen und Schüler beschreiben ausgewählte energetische und ökologische Ressourcen und reflektieren kritisch ihr eigenes Konsumverhalten. Sie orientieren sich dabei am Leitbild einer nachhaltigen Entwicklung.

• Die Schülerinnen und Schüler analysieren und bewerten Grundhaltungen der menschenverachtenden Ideologie des Nationalsozialismus und beurteilen das Scheitern der Weimarer Republik sowie den Aufstieg der NSDAP.

• Die Schülerinnen und Schüler zeigen wesentliche Ursachen, den Verlauf und Auswirkungen des Zweiten Weltkrieges auf, wobei sie sich des Unrechts und des Leides, das den Opfern des Nationalsozialismus zugefügt wurde, bewusst werden.

• Sie stellen die freiheitliche demokratische Grundordnung der Bundesrepublik Deutschland in Grundzügen dar und übertragen diese Grundlagen auf aktuelle gesellschaftspolitische Fallbeispiele.

• Sie analysieren Ursachen und politische, wirtschaftliche und gesellschaftliche Konsequenzen bewaffneter Konflikte, auch an aktuellen Beispielen, um die Sicherung des Friedens als wichtige Aufgabe zu erkennen.

• Die Schülerinnen und Schüler erklären das Prinzip der Sozialstaatlichkeit als ein wesentliches Merkmal unserer Demokratie und belegen dies mit Beispielen.

Inhalt

Lernbereich 2: Zeit und Wandel

Die Weimarer Republik

Die Diktatur des Nationalsozialismus

Der Zweite Weltkrieg

Bild- und Textnachweis

Titelseite: „Machtergreifung". Gemälde von Artur Kampf 1933
S. 7: https://www.aerzteblatt.de/archiv/202395/Deutschland-im-November-1918-Kranke-Krueppel-Hungertote
S. 9: https://www.fes (Friedrich-Ebert-Stiftung).de
S. 10: Scheidemann © N24/rf/ag; Liebknecht © br.de
S. 11/12: Gregor Delvaux de Fenffe: Weimarer Republik. Aus: planet-wissen.de © WDR 2019
S. 13: Philipp Scheidemann Skizze. www.stadt-kassel.de/stadtinfo; Friedrich Ebert, 1923. Zeichnung: Emil Stumpp (1886–1941). Deutsches Historisches Museum Berlin; https://seriesofhopes.wordpress.com/2010/01/15/90-years-ago-today-rosa-luxemburg-and-karl-liebknecht-shot-dead-in-berlin
S. 23: https://www.pinterest.es/pin/539165386612918638; Hunger. Lithographie von Heinrich Zille. Berlin 1924
S. 25: Karte aus: GEO Epoche Nr. 27. Die Weimarer Republik
S. 37: Vorführung einer Schlangenfrau. Foto: Promo
S. 39: Text nach Arnulf Scriba. Deutsches Historisches Museum, Berlin 2014
S. 40: https://www.bz-berlin.de/media/pr-bebra-verlag; Foto: bpkimages
S. 58: Machtergreifung 30. Januar 1933. Gemälde von Artur Kampf (1933)
S. 79: Dennis Kluge: Die Judenverfolgung im Nationalsozialismus. Aus: Welt vom 9. November 2013 © Axel Springer SE
S. 82/83: Befreiung von Auschwitz. Landeszentrale für politische Bildung Baden-Württemberg.
S. 86: Wikimedia commons
S. 93: „The Nation". Karikatur, Frühjahr 1933; „Grim Reaper" (Gevatter Tod). Karikaturvon Georges, April 1933
S. 105: Deutsche Soldaten beseitigen polnische Grenzschranke. Foto: ORF/Bundesarchiv/Hans Sönnke; Polnischer Junge in den Ruinen von Warschau September 1939. Foto: Julien Bryan
S. 106: Dünkirchen Juni 1940. Foto: Hugo Jäger; Rotarmisten in Stalingrad 1942. Foto: Scherl
S. 109: Flaggenhissung 2. Mai 1945, Reichstag in Berlin. Foto: Jewgeni Chaldej
S. 110 Jens Ostrowski, Stalingrad: Der eisigen Hölle entronnen. Aus: Westdeutsche Zeitung, 31. Januar 2008
S. 111: „Omaha Beach", 6. Juni 1944: US-Soldaten nähern sich in einem Landungsboot der französischen Küste. Foto: Reuters
S. 125: D. Irving, The Destruction of Dresden. New York 1965, S. 206; Hans Dollinger (Hrsg.), Kain, wo ist dein Bruder?, S. 333
S. 126: Sowjetische Kinder während eines deutschen Luftangriffs in den ersten Tagen des Krieges auf Weißrussland. RIA Novosti archive. Image 137811/Yaroslavtsev/CC-BY-SA
S. 127: Marie Mehrfeld: Der Krieg der Kinder. Aus: https://www.literatpro.de/prosa/130916/kriegskinder
S. 129. Mai 1945 – Deutschland kapituliert. WDR 2020

DVDs mit Nummern sind in den Landesbildstellen/Medienzentren, aufgeschlüsselt nach einzelnen Bundesländern, zu finden: https://www.bildungsserver.de/Landesbildstellen-Medienzentren-525-de.html

Thema
Der Beginn der Weimarer Republik – chaotisch

Lernziele

- Wissen um die Bedingungen des Waffenstillstandsabkommen 1918
- Wissen um die Gebietsverluste des Deutschen Reiches im Versailler Vertrag 1919
- Wissen um die Ursachen und den Verlauf der Novemberrevolution 1918
- Kenntnis von der doppelten Ausrufung der Republik 1918
- Wissen um den Weg zur Demokratie mit Wahlen zur Nationalversammlung am 19. Januar 1919
- Kennenlernen wichtiger Personen anhand von Kurzreferaten

Arbeitsmaterial

- Bilder 1/2/3/4 für die Tafel
- Folien 1/2; Textblätter 1/2; Arbeitsblatt mit Lösung (Folie); 9 Wortkarten
- Web DVD 5552157: Revolution in Deutschland 1918/19. Vom Kaiserreich zur Republik (14 Min.; 2008; sw)
- Klaus Taubert: 1918. Vom Kaiserreich zur Republik. https://klaustaubert.wordpress.com/2017/11/19 (Text vom Ende des 1. Weltkrieges bis zum Beginn der Weimarer Republik zum Selbststudium)

Folie

Der Beginn der Weimarer Republik – chaotisch

Herbst 1918

1. Weltkrieg → Niederlage in Sicht

4. November 1918

Novemberrevolution

9. November 1918

Doppelte Ausrufung der Repubik

10. November 1918

Abdankung von Kaiser Wilhem II.

11. November 1918

Waffenstillstand → Ende 1. Weltkrieg

19. Januar 1919

Wahlen zur Nationalversammlung

6. Februar 1919

1. Tagung der Nationalversammlung

Deutsches Reich
Weimarer Republik
1919–1933

Wappen

Friedrich Ebert

Lehrskizze

1./2. Unterrichtseinheit

I. Motivation/Einstieg

Stummer Impuls	Tafel Bilder 1/2 (S. 7)	Waffenstillstandsabkommen/Kriegsinvalide
Aussprache		... 1. Weltkrieg verloren ...
Impuls	Folie 1 (S. 8)	L: Das Abkommen enthält harte Bedingungen.
Lesen mit Aussprache		Bedingungen/Karte mit Gebietsverlusten
Lehrerinfo		L: Der Kaiser Wilhelm II. dankt ab. Die Monarchie ist beendet. Was könnte folgen?
Vermutungen		
Stummer Impuls	Tafel Bild 3 (S. 9)	Weimarer Republik (1919–1933) Wappen (von 1919 bis 1928)
Zielangabe	Tafel	**Der Beginn der Weimarer Republik – chaotisch**

II. Erarbeitung

Impuls		L: Was ist eine Republik?
Aussprache mit Ergebnis		Staatsform, bei der die oberste Gewalt durch Personen ausgeübt wird, die für eine bestimmte Zeit vom Volk oder dessen Vertretern gewählt werden.
Impuls		L: Was ist Weimar?
Aussprache		... Stadt in Thüringen ...
Stummer Impuls	Folie 2 (S. 10)	Doppelte Ausrufung der Republik
	Bild 4 (S. 9)	Friedrich Ebert (1871–1925)
Impuls		L: Diese Personen spielen zu Beginn der Weimarer Republik eine wichtige Rolle.
	Textblätter 1/2 (S. 11/12)	Der Beginn der Weimarer Republik
Schüler lesen		
Partnerarbeit		Antworten zu den neun Fragen:

1. In der Stadt Weimar kam die Nationalversammlung zusammen. Berlin war nicht sicher, denn dort gab es noch Unruhen.
2. Siehe oben
3. Aufstand der Matrosen in Wilhelmshaven und Kiel. Beginn der Novemberrevolution.
4. Philipp Scheidemann (SPD) und Karl Liebknecht (Spartakusbund/KPD) am 9. November 1918
5. Abdankung von Kaiser Wilhelm II. (10. 11. 1918) Waffenstillstandsabkommen (11.11.1918)
6. Am 19. Januar 1919. Ja.
7. Friedrich Ebert. Er war seit 1913 Vorsitzender der SPD und amtierte von 1919 an als erster Reichspräsident der Weimarer Republik.
8. Die Nationalversammlung tagt zum ersten Mal.
9. Von 1919 bis 1933

> Der Waffenstillstand von Compiègne wurde am 11. November 1918 zwischen dem Deutschen Reich und den beiden Westmächten Frankreich und Großbritannien geschlossen und beendete die Kampfhandlungen im Ersten Weltkrieg (Bild S. 7: links Staatssekretär und Delegationsleiter Matthias Erzberger, rechts Marschall Ferdinand Foch).

3. Unterrichtseinheit

III. Sicherung

	Arbeitsblatt (S. 13)	Der Beginn der Weimarer Republik – chaotisch
Kontrolle	Folie (S. 14)	

IV. Ausweitung

Kurzreferate/Partnerreferate (max. fünf Minuten)		Friedrich Ebert/Philipp Scheidemann/Karl Liebknecht/Rosa Luxemburg
Film	DVD (14 Min.)	Revolution in Deutschland 1918/19. Vom Kaiserreich zur Republik

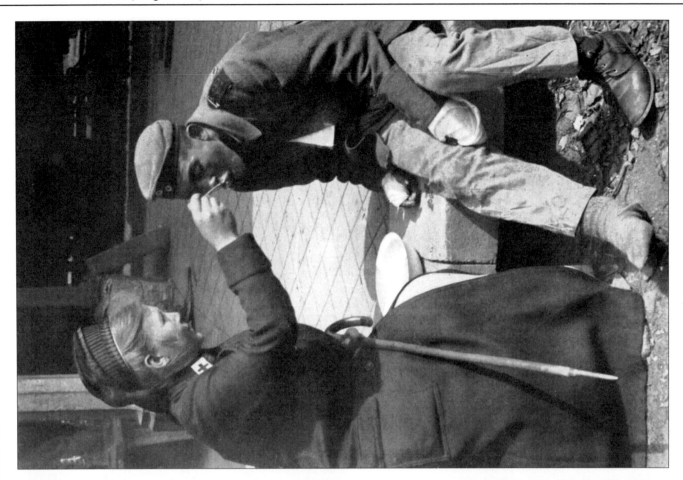

Vertragspunkte zum Waffenstillstand vom 11. November 1918:

- Einstellung aller Feindseligkeiten innerhalb von sechs Stunden nach Vertragsunterzeichnung
- Rückzug aller deutschen Truppen aus sämtlichen besetzten Gebieten Belgiens, Frankreichs, Luxemburgs sowie aus dem Reichsland Elsaß-Lothringen binnen 15 Tagen
- Innerhalb der darauffolgenden 17 Tage Besetzung der linksrheinischen Gebiete und von rechtsrheinischen Brückenköpfen um Mainz, Koblenz und Köln durch französische Truppen
- Innerhalb dieses Zeitraums Übergabe von 5000 Geschützen, 25000 Maschinengewehren, 3000 Minenwerfern und 1700 Flugzeugen an die Entente, die alliierten Länder
- Internierung aller modernen Kriegsschiffe
- Britische Seeblockade wurde nicht aufgehoben
- Ablieferung von 5000 Lokomotiven und 150000 Eisenbahnwaggons
- Annullierung des Friedens von Brest-Litowsk mit Sowjetrussland
- Abzug der deutschen Truppen aus Ostafrika

Versailler Vertrag 1919

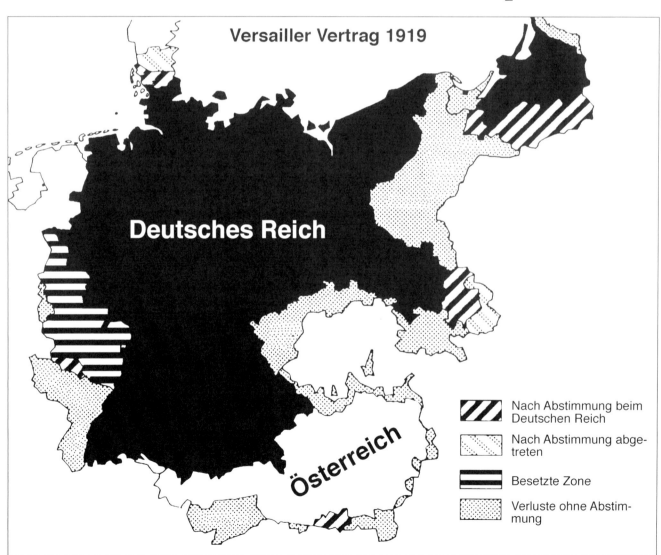

Versailler Vertrag 1919

Deutsches Reich

Österreich

	Nach Abstimmung beim Deutschen Reich
	Nach Abstimmung abgetreten
	Besetzte Zone
	Verluste ohne Abstimmung

Deutsches Reich

Weimarer Republik

1919–1933

Aus einem Fenster des Reichstages verkündete Staatssekretär und SPD-Vorsitzender Philipp Scheidemann am 9. November 1918 gegen 14 Uhr die „deutsche Republik" (nachgestelltes Foto).

Karl Liebknecht, Anführer des linksradikalen Spartakusbundes, rief vor dem Berliner Schloss am 9. November gegen 16 Uhr die „freie sozialistische Republik Deutschland" aus.

Der Beginn der Weimarer Republik

Deutschland am Abgrund

Die Oberste Heeresleitung, der Kaiser und seine Generäle befinden sich im Herbst 1918, in den letzten Tagen des Ersten Weltkrieges, militärisch und politisch in einer Sackgasse.

Nach vier Jahren grausamer Materialschlachten ist Deutschland am Ende seiner Kräfte und kann dem Druck der Alliierten, die die deutsche Front langsam ins Land zurückdrängen, nicht länger standhalten.

Die Niederlage ist unausweichlich, die Kapitulation nur noch eine Frage der Zeit.

Für die Herren der Reichs- und Heeresleitung ist es schon schwer genug, sich selbst die Niederlage einzugestehen. Sie auch noch dem deutschen Volk zu verkünden, das unter schweren Entbehrungen leidet, das will man dann doch lieber anderen überlassen.

Die anderen, das sind die Mitglieder der zivilen Regierung, die verhassten Parlamentarier. Sie müssen jetzt die politische Verantwortung für einen Krieg übernehmen, den die kaiserliche Heeresleitung verbrochen hat.

Doch aus der Verantwortungslosigkeit der kaiserlichen Führungsschicht erwächst die erste demokratische Republik auf deutschem Boden.

Schon unter Reichskanzler Bismarck gab es starke demokratische Bestrebungen im Parlament. Doch erst jetzt, am Vorabend der Kapitulation, wird die erste parlamentarische Demokratie im Deutschen Reich verankert. Träger der politischen Macht werden die Parteien.

Novemberrevolution 1918

Am 4. November 1918 meutern Matrosen in Wilhelmshaven und Kiel. Sie sollen in einer sinnlosen Endschlacht verheizt werden, so die Absicht der Seekriegsleitung.

Von Kiel aus erstreckt sich eine Welle von Aufständen über das Land, der sich weitere Matrosen, Soldaten und Arbeiter anschließen. Arbeiter- und Soldatenräte formieren sich, der Ruf nach der Abdankung des Kaisers und der Errichtung einer Republik wird laut.

Unter dem Druck der innenpolitischen Unruhen überschlagen sich die Ereignisse. Am Vormittag des 9. November 1918 erreicht die revolutionäre Bewegung Berlin.

Der von Kaiser Wilhelm II. ernannte Kanzler Prinz Max von Baden erklärt eigenmächtig die Abdankung des Kaisers und überträgt mit folgenden Worten sein eigenes Amt dem Sozialdemokraten Friedrich Ebert, der seit 1913 den Vorsitz der SPD führt, also der stärksten Partei im Reichstag:

„Herr Ebert, ich lege Ihnen das Deutsche Reich ans Herz."

Ebert plant, so schnell wie möglich eine Nationalversammlung einzuberufen, die eine Reichsverfassung ausarbeiten und die künftige Staatsform des Deutschen Reiches bestimmen soll: eine parlamentarische Republik oder Monarchie.

Doch wichtigstes Ziel für die SPD ist zunächst die Kontrolle über die revolutionären Umbrüche im Land. Keinesfalls will man denen das Feld überlassen, die mit Macht den Umsturz der Verhältnisse nach sowjetischem Vorbild anstreben.

Unter allen Umständen soll mit den Führern der USPD, der Unabhängigen Sozialdemokratischen Partei Deutschlands, die sich im Krieg von der SPD abgespalten und weiter links neu formiert hat, eine Übereinkunft gefunden werden, um die radikale Linke zu isolieren und die Einheit der Arbeiterbewegung zu garantieren.

Da erreicht die SPD das Gerücht, dass Karl Liebknecht, Anführer der äußerst linken Spartakisten, die sozialistische Republik ausrufen will.

Die neue Republik

Am Mittag des 9. November 1918 versammeln sich revolutionär gestimmte Massen vor dem Reichstag. Philipp Scheidemann, Vorstandsmitglied der SPD, wird von seinen Leuten gedrängt, Liebknecht zuvorzukommen und am Fenster zu den Menschen zu sprechen.

Scheidemann beginnt seine Rede, doch tief berührt von der Aufregung des historischen Augenblicks geht Scheidemann viel weiter, als nur das Ende der alten Ordnung zu verkünden.

Um etwa 14 Uhr ruft Scheidemann am Deutschen Reichstag die „deutsche Republik" aus. Sein Parteifreund Ebert ist entsetzt: „Du hast kein Recht, die Republik auszurufen! Was aus Deutschland wird, ob Republik oder was sonst, entscheidet eine verfassungsgebende Versammlung."

Doch Scheidemann kommt damit Karl Liebknecht zwei Stunden zuvor, als dieser gegen 16 Uhr vor dem Berliner Stadtschloss die „freie sozialistische Republik Deutschland" ausruft.

Noch am gleichen Tag macht sich der SPD-Politiker Friedrich Ebert an die Regierungsbildung. Um die linksradikalen Kräfte einzubinden, macht Ebert der USPD große Zugeständnisse. Um jeden Preis soll die Bildung einer Räterepublik verhindert werden.

Ebert gelingt es, eine provisorische Übergangsregierung zu bilden, den sogenannten Rat der Volksbeauftragten. Ihr gehören jeweils drei Mitglieder der SPD und der USPD an.

Der Rat beschließt einstimmig die Wahlen zur Nationalversammlung am 19. Januar 1919.

Am 10. November geht der Kaiser ins Exil. Am Abend des 10. November hat sich die Mehrheit der gemäßigten Sozialisten gegen eine linksradikale Minderheit erfolgreich durchgesetzt, die Weichen für die Bildung einer parlamentarischen Demokratie sind gestellt.

Drückende Altlasten

Am 11. November 1918 unterzeichnet Matthias Erzberger, Abgeordneter der Zentrumspartei, den Waffenstillstand. Das Deutsche Reich steht unter Schock.

Der Erste Weltkrieg forderte zehn Millionen Tote, 20 Millionen Verletzte. Fast zwei Millionen deutsche Soldaten sind gefallen, mehr als vier Millionen verletzt und verstümmelt.

Auf der Straße herrscht Bürgerkrieg. Chaos und Hunger bestimmen das Leben der Menschen, acht Millionen Soldaten müssen demobilisiert und wiedereingegliedert, die revolutionären Aufstände abgebremst werden.

Zu der aufgewühlten innenpolitischen Lage kommt der Druck durch die Schadensersatzforderungen der Siegermächte. Schwere wirtschaftliche Ausgleichszahlungen kommen mit dem Vertrag von Versailles auf Deutschland zu, die sogenannten Reparationen.

1921 wird von einer alliierten Kommission die Gesamtsumme der Entschädigungsleistungen auf 132 Milliarden Goldmark festgelegt, die Deutschland innerhalb von 30 Jahren abzuleisten hat. Eine schier unermessliche Summe, die das ausgeblutete Land kaum aufbringen kann.

Demokratischer Neubeginn

In Deutschland finden am 19. Januar 1919 freie Wahlen statt, erstmals sind auch Frauen zu den Wahlen zugelassen. Die Wahlbeteiligung ist mit 83 Prozent sehr hoch.

Die Deutschen wählen die Nationalversammlung. Weil man in Berlin Unruhen befürchtet, tritt sie in Weimar zusammen. Weimar gibt der jungen deutschen Republik damit eine Verfassung und ihren Namen. Deutschland ist nun eine parlamentarische Demokratie.

Die SPD wird mit 37,9 Prozent stärkste Partei im Reichstag. Friedrich Ebert wird Reichspräsident, er bekleidet das höchste Amt im Staat.

Als einer der bedeutendsten Politiker der Weimarer Republik setzt sich Ebert nachdrücklich dafür ein, dass die junge deutsche Demokratie aus den zermürbenden Folgen des Ersten Weltkriegs herausfindet.

Ebert gelingt eine Einigung mit den bürgerlichen Kräften, erfolgreich betreibt er die Wiedereingliederung der deutschen Soldaten in die Gesellschaft.

Doch die Geburtsstunde der ersten deutschen Republik steht unter keinem guten Stern. Von Anfang an wird ihr der verlorene Krieg angelastet, die Führer der demokratischen Parteien müssen die Niederlage vor Volk und Vaterland verantworten.

Weimarer Nationalversammlung 1919

Am 6. Februar 1919 tagt zum ersten Mal die Nationalversammlung. Das deutsche Volk, das ohnmächtig die harten Vertragsbedingungen des Versailler Abkommens entgegennehmen muss, wird empfänglich für die größte Propagandalüge der Weimarer Republik: die Dolchstoßlegende.

Gezielt wird von der ehemaligen kaiserlichen Reichsleitung das Gerücht verbreitet, das deutsche Heer sei im Ersten Weltkrieg „im Felde unbesiegt" geblieben und hätte durch die Verantwortlichen der Novemberrevolution von 1918 den tödlichen „Dolchstoß von hinten" erhalten.

Wie tief die deutsche Gesellschaft gespalten ist, wird an der Vielzahl sehr unterschiedlicher Parteien deutlich. Die gemäßigten Parteien der Mitte werden begleitet von Kaisertreuen, die wieder Vorkriegsverhältnisse herstellen wollen, radikalen Rechten, die eine Diktatur anstreben und radikalen Linken, die in Deutschland eine Räterepublik ausrufen wollen.

Tatsächlich herrscht eine weit verbreitete Geringschätzung des Parlamentarismus, Weimar erscheint in der Summe oft als „Demokratie ohne Demokraten". Große Teile der einflussreichen Kreise der Gesellschaft akzeptieren die Republik nicht – etwa die Reichswehr – trotzdem verhalten sie sich zunächst verfassungstreu.

14 Jahre kann sich die Weimarer Republik behaupten. 14 Jahre geprägt von wirtschaftlichen Krisen, schier unüberwindbaren politischen und gesellschaftlichen Problemen, aber auch getragen von Hoffnungen, diplomatischen Glanzleistungen und demokratischen Überzeugungen.

Arbeitsaufgaben:

1. Woher kommt der Name „Weimarer Republik"?
2. Was ist eine „Republik"? Informiere dich.
3. Was geschah am 4. November 1918?
4. Welche zwei Politiker riefen fast gleichzeitig die Republik aus? Wann war das?
5. Was geschah am 10. und 11. November 1918?
6. Wann fanden in Deutschland freie Wahlen statt? Waren Frauen wahlberechtigt?
7. Wer wurde Reichspräsident?
8. Was geschah am 6. Februar 1919?
9. Wie lange dauerte die Weimarer Republik?

GPG	Name: _____	Datum: _____	

Der Beginn der Weimarer Republik – chaotisch

1. Was bedeutete die Schlagzeile vom 9. November 1918 für das Deutsche Reich?

_____

_____

Vorwärts
Berliner Volksblatt.
Zentralorgan der sozialdemokratischen Partei Deutschlands.

Der Kaiser hat abgedankt!

2. Was waren Ursachen für die Abdankung des Kaisers?

_____

_____

3. Am 9. November 1918 um 14 Uhr rief der Mann im Bild links in Berlin die Republik aus. Wer war es? Welchen Staat wollte er?

„Arbeiter und Soldaten! Das deutsche Volk hat auf der ganzen Linie gesiegt. Das Alte, Morsche ist zusammengebrochen. Der Militarismus ist erledigt. Die Hohenzollern haben abgedankt. Es lebe die Republik! Der Abgeordnete Ebert ist zum Reichskanzler ausgerufen worden. Ebert ist damit beauftragt worden, eine neue Regierung zusammenzustellen. Wir müssen stolz sein können auf diesen Tag. Ruhe, Ordnung und Sicherheit, das ist es, was wir jetzt brauchen. Sorgen Sie dafür, dass die neue deutsche Republik, die wir erreichten, nicht durch irgendetwas gefährdet werde. Es lebe die neue deutsche Republik!"

_____

_____

4. Am selben Tag kündigte Karl Liebknecht vom Spartakusbund, im Bild rechts mit Rosa Luxemburg, vor dem Berliner Schloss um 16 Uhr die sozialistische Republik an. Welchen Staat wollte er?

„In dieser Stunde proklamieren wir die freie sozialistische Republik Deutschland. Durch dieses Tor (des Schlosses) wird die neue sozialistische Freiheit der Arbeiter und Soldaten einziehen. Wir wollen an der Stelle, wo die Kaiserstandarte wehte, die rote Fahne der freien Republik Deutschland hissen. Wir müssen alle Kräfte anspannen, um die Regierung der Arbeiter und Soldaten aufzubauen und eine neue staatliche Ordnung des Proletariats zu schaffen."

5. Informiere dich kurz über Karl Liebknecht und Rosa Luxemburg und halte ein Kurzreferat.

_____

_____

_____

6. Ein Politiker der ersten Stunde in der Weimarer Republik war Friedrich Ebert. Informiere dich mithilfe des Internets stichpunktartig über sein Leben.

_____

_____

_____

_____

_____

_____

GPG	Lösung

Der Beginn der Weimarer Republik – chaotisch

1. Was bedeutete die Schlagzeile vom 9. November 1918 für das Deutsche Reich?

Kaiser Wilhelm II. dankte ab und ging ins holländische Exil. Die Monarchie war beendet.

2. Was waren Ursachen für die Abdankung des Kaisers?

Verlorener Weltkrieg, Hungersnot, Meuterei von Schiffsbesatzungen (Grund: aussichtsloser Kampf gegen die britische Flotte), Aufstände

3. Am 9. November 1918 um 14 Uhr rief der Mann im Bild links in Berlin die Republik aus. Wer war es? Welchen Staat wollte er?

„Arbeiter und Soldaten! Das deutsche Volk hat auf der ganzen Linie gesiegt. Das Alte, Morsche ist zusammengebrochen. Der Militarismus ist erledigt. Die Hohenzollern haben abgedankt. Es lebe die Republik! Der Abgeordnete Ebert ist zum Reichskanzler ausgerufen worden. Ebert ist damit beauftragt worden, eine neue Regierung zusammenzustellen. Wir müssen stolz sein können auf diesen Tag. Ruhe, Ordnung und Sicherheit, das ist es, was wir jetzt brauchen. Sorgen Sie dafür, dass die neue deutsche Republik, die wir erreichten, nicht durch irgendetwas gefährdet werde. Es lebe die neue deutsche Republik!"

Philipp Scheidemann (1865–1939), SPD-Politiker. Er wollte einen demokratischen Rechtsstaat.

4. Zur selben Zeit kündigte Karl Liebknecht vom Spartakusbund, im Bild rechts mit Rosa Luxemburg, vor dem Berliner Schloss um 16 Uhr die sozialistische Republik an. Welchen Staat wollte er?

„In dieser Stunde proklamieren wir die freie sozialistische Republik Deutschland. Durch dieses Tor (des Schlosses) wird die neue sozialistische Freiheit der Arbeiter und Soldaten einziehen. Wir wollen an der Stelle, wo die Kaiserstandarte wehte, die rote Fahne der freien Republik Deutschland hissen. Wir müssen alle Kräfte anspannen, um die Regierung der Arbeiter und Soldaten aufzubauen und eine neue staatliche Ordnung des Proletariats zu schaffen."

Er wollte eine sozialistische Republik (Rätestaat) nach russischem Vorbild.

5. Informiere dich kurz über Karl Liebknecht und Rosa Luxemburg und halte ein Kurzreferat.

Liebknecht (1871–1919) war Rechtsanwalt, 1917 Gründung des Spartakusbundes, 1919 Verhaftung und Erschießung ohne Verhandlung. Luxemburg (1871–1919), radikale sozialistische Politikerin, 1919 von Regierungstruppen ermordet.

6. Ein Politiker der ersten Stunde in der Weimarer Republik war Friedrich Ebert. Informiere dich mithilfe des Internets stichpunktartig über sein Leben.

Geboren 1871 in Heidelberg als Sohn eines Schneiders. Sattlerlehre, Redakteur, ab 1912 SPD-Abgeordneter im Reichstag. 1913 bis 1919 Parteivorsitzender der SPD, ab dem 9. November 1918 Reichskanzler, ab dem 11. Februar 1919 Reichspräsident. Er starb 1925 an einer Blinddarmentzündung.

Thema	Die Weimarer Verfassung von 1919 – Stärken und Schwächen

Lernziele

- Wissen, dass die Weimarer Verfassung am 11. August 1919 in Kraft trat
- Wissen um den Aufbau der Weimarer Verfassung
- Wissen um die Stärken und Schwächen der Weimarer Verfassung
- Kenntnis der wichtigsten Parteien zu Beginn der Weimarer Republik
- Wissen, welche Parteien die Reichregierung bildeten

Arbeitsmaterial

- Bilder 1/2 für die Tafel
- Folien 1/2/3
- Wortkarten (10)
- Arbeitsblatt mit Lösung (Folie)
- Web-DVD 5565173: Bundespräsident: Staatsoberhaupt ohne Macht? (25 Min.; 2018; f)

Tafelbild

Der Weimarer Verfassung von 1919 –
Stärken und Schwächen

Stärken	Schwächen
Demokratie	zu viele Parteien
Gewaltenteilung	keine 5 %-Klausel
Frauenwahlrecht	Rechtsradikale
Volksbegehren	Linksradikale
Volksentscheid	Notverordnungen

Lehrskizze

1./2. Unterrichtseinheit

I. Motivation/Einstieg

Stummer Impuls	Tafel Bilder 1/2 (S. 17)	Wahlplakate
Aussprache		
Stummer Impuls	Folie 1 (S. 18)	Weitere Wahlplakate
Impuls		L: Welche Parteien warben für sich?
Aussprache		
Überleitung		L: Am 19. Januar 1919 fand die Nationalversammlung statt. Ihr wichtigster Schritt war, dem Deutschen Reich eine Verfassung zu geben.
Zielangabe	Tafel	**Die Weimarer Verfassung von 1919 – Stärken und Schwächen**

II. Erarbeitung

Impuls		L: Ein großes Problem war die Zerstrittenheit im Reichstag mit den vielen Parteien.
Lehrerinfo		
	Tafel Wortkarten (2)	Stärken Schwächen
	Tafel Wortkarten (10)	
Schüler versuchen nach Stärken/Schwächen zu ordnen		
Aussprache mit L.info		
	Arbeitsblatt (S. 19)	Die Weimarer Verfassung von 1919 – Stärken und Schwächen
Aussprache mit Kontrolle	Folie (S. 20)	

III. Wertung

	Folie 2	
Schüler lesen		
Aussprache mit L.info		

Der Reichspräsident war das Staatsoberhaupt der Weimarer Republik, Oberbefehlshaber der Reichswehr, ernannte und entließ den Reichskanzler und konnte den Reichstag auflösen. Auch in die Gesetzgebung konnte er eingreifen, etwa durch Notverordnungen nach Artikel 48 der Weimarer Reichsverfassung.
Der Bundespräsident heute hat nur noch viele formale und repräsentative Aufgaben.
• Konstruktives Misstrauensvotum ⇨ Absetzten von Regierung/Kanzler ohne Nachfolgerbestimmung möglich.
• Für Parteien gibt es eine 5 %-Hürde.
• Verbot verfassungswidriger Parteien ⇨ 1952 Verbot der Sozialistischen Reichspartei (SRP) und 1956 Verbot der KPD.

	Folie 3	
Schüler lesen		
Aussprache mit L.info		

Um wieder einen „Ersatzkaiser" zu haben, stattete die Weimarer Verfassung den Reichspräsidenten mit außerordentlichen Machtbefugnissen aus. Diese Maßnahmen ruinierten die Demokratie der Weimarer Republik.
Artikel 25: Der Reichspräsident kann den Reichstag auflösen.
Artikel 48: Der Reichspräsident kann durch Notverordnungen nahezu alle Gesetze außer Kraft setzen.
Artikel 53: Der Reichskanzler wird allein vom Reichspräsidenten ernannt.

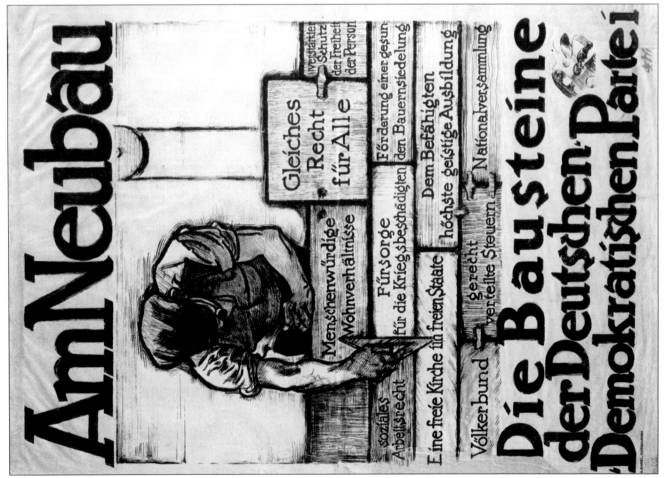

| **GPG** | Name: _____ | Datum: _____ | |

Die Weimarer Verfassung von 1919 – Stärken und Schwächen

Mit der Beseitigung der Monarchie und der Umwandlung Deutschlands in eine Republik ging die rechtliche Selbstbestimmung auf das Volk über.

1. Die Nationalversammlung tagte am 19. Januar 1919 in Weimar. Dort erfolgten die Wahlen zur Nationalversammlung, die aber von der KPD boykottiert wurden. Bei einer Wahlbeteiligung von 83 % erhielten die Sozialdemokratische Partei Deutschlands (SPD) 163, Zentrum 91, Unabhängige Sozialdemokratische Partei Deutschlands (USPD) 22, Deutsche Volkspartei (DVP) 19, Deutsche Demokratische Partei (DDP) 75, Deutschnationale Volkspartei (DNVP) 44, Bayerischer Bauernbund (BBB) 4, Deutsch-hannoversche Partei (DHP) 1 und Sonstige 2 Sitze.

2. Ziele wichtiger Parteien:

① SPD _____

② USPD _____

③ DVP _____

④ Zentrum _____

⑤ DDP _____

⑥ DNVP _____

3. Der Aufbau der Weimarer Verfassung:

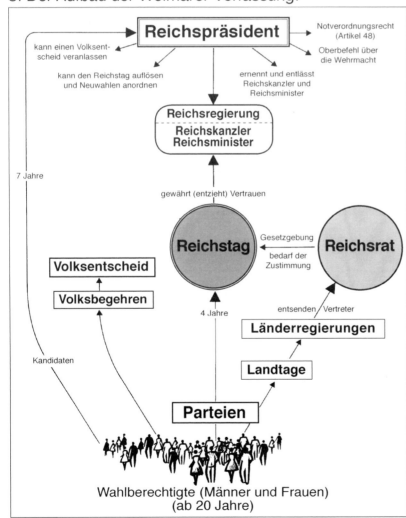

① Welche Position hat der Reichspräsident inne?

_____

_____

② Vergleiche die Machtbefugnisse des Reichspräsidenten mit denen des Reichskanzlers.

_____

_____

_____

③ Wo liegen weitere Mängel in der Weimarer Verfassung?

_____

_____

_____

_____

_____

_____

_____

_____

GPG	Lösung

Die Weimarer Verfassung von 1919 – Stärken und Schwächen

Mit der Beseitigung der Monarchie und der Umwandlung Deutschlands in eine Republik ging die rechtliche Selbstbestimmung auf das Volk über.

1. Die Nationalversammlung tagte am 19. Januar 1919 in Weimar. Dort erfolgten die Wahlen zur Nationalversammlung, die aber von der KPD boykottiert wurden. Bei einer Wahlbeteiligung von 83 % erhielten die Sozialdemokratische Partei Deutschlands (SPD) 163, Zentrum 91, Unabhängige Sozialdemokratische Partei Deutschlands (USPD) 22, Deutsche Volkspartei (DVP) 19, Deutsche Demokratische Partei (DDP) 75, Deutschnationale Volkspartei (DNVP) 44, Bayerischer Bauernbund (BBB) 4, Deutsch-hannoversche Partei (DHP) 1 und Sonstige 2 Sitze.

2. Ziele wichtiger Parteien:

① SPD   *Vertretung der Arbeiterinteressen, soziale Ziele; parlamentarisches Prinzip*

② USPD   *Diktatur des Proletariats; Enteignung der Großbetriebe; Bodenreform*

③ DVP   *Nationale Staatspolitik; Wiederherstellung des Kaisertums; rechtsliberal*

④ Zentrum   *Christliche Werte; Verfassungsstaat; Ausbau des Sozialstaates*

⑤ DDP   *Parlamentarische Demokratie; Freiheit; soziale Verantwortung; linksliberal*

⑥ DNVP   *Wiederherstellung der Monarchie; Auflösung des Versailler Vertrages*

3. Der Aufbau der Weimarer Verfassung:

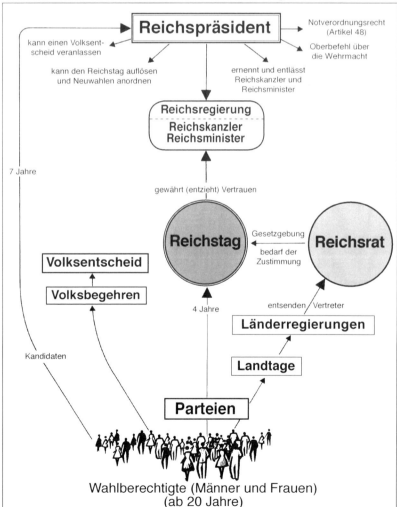

① Welche Position hat der Reichspräsident inne?

Der Reichspräsident hat eine unglaublich große Machtfülle ohne Einschränkungen.

② Vergleiche die Machtbefugnisse des Reichspräsidenten mit denen des Reichskanzlers.

Im Gegensatz zum Reichspräsidenten hat der Reichskanzler nahezu keine Machtbefugnisse.

③ Wo liegen weitere Mängel in der Weimarer Verfassung?

Die Verfassung ermöglicht zu vielen kleinen Parteien den Sitz im Reichstag (keine 5 %-Hürde, Folge: Zersplitterung und Streit). Außerdem ist es sehr einfach, eine Regierung zu stürzen. Die sogenannten „Notverordnungen" können die Verfassung leicht außer Kraft setzen.

Thema Welche Probleme hatte die Weimarer Republik Anfang der 1920er-Jahre zu bewältigen?

Lernziele

- Wissen um die Umsturzversuche und Gewalttaten Anfang der 1920er-Jahre
- Wissen um Verlauf und Ergebnis des Hitler-Putsches in München 1923
- Wissen um die Ziele links- und rechtsgerichteter Parteien und Organisationen
- Wissen um Ursachen, Verlauf und Folgen des Ruhrkampfes von 1920 bis 1923
- Kenntnis der Ursachen und Folgen der „galoppierenden" Inflation von 1923
- Wissen um die Maßnahmen zur Überwindung der Inflation

Arbeitsmaterial

- Bilder 1/2/3 für die Tafel
- Folien 1/2
- Textblätter 1/2
- Wortkarten (12)
- Arbeitsblätter 1/2 mit Lösung (Folie); Rätselblatt
- DVD 4640218: Das Krisenjahr 1923 (15 Min.; 2002; f)

Tafelbild

Welche Probleme hatte die Weimarer Republik Anfang der 1920er-Jahre zu bewältigen?

Inflation	Aufstände	Hunger
Wohnungsnot	Arbeitslosigkeit	soziale Not
Nationalisten	Kommunisten	Monarchisten
Kriminalität	Ruhrkrise	politische Morde

Reaktion der Bevölkerug auf die Räterepublik nach der Besetzung Münchens durch die Reichswehr:

Ein furchtbares Denunzieren setzte ein. Kein Mensch war mehr sicher. Wer einen Feind hatte, konnte ihn mit etlichen Worten dem Tod überliefern. Jetzt waren auf einmal wieder die verkrochenen Bürger da ... Wahrhaftig gierig suchten sie mit den Augen herum, deuteten dahin und dorthin, rannten einem Menschen nach, schlugen plärrend auf ihn ein, spuckten, stießen ihn wie wild geworden und schleppten den halbtot Geprügelten zu den Soldaten ... Ein Schuss krachte und es war aus. Lachend und befriedigt gingen die Leute auseinander ... (Oskar Maria Graf, Schriftsteller)

Lehrskizze

1./2. Unterrichtseinheit

I. Motivation/Einstieg

Stummer Impuls	Tafel Bilder 1/2/3 (S. 23)	Hitler-Putsch/Inflation/Hunger
Aussprache mit kurzer Lehrerinfo		
Impuls		L: Die Anfangsjahre der Weimarer Republik – eine schlimme und gefährliche Zeit
Zielangabe	Tafel	**Welche Probleme hatte die Weimarer Republik Anfang der 1920er-Jahre zu bewältigen?**

II. Erarbeitung

	Textblatt 1 (S. 24)	Die Probleme der Weimarer Republik zu Beginn der 1920er-Jahre
Lesen mit Aussprache		
Aussprache mit Lehrerinfo	Arbeitsblatt 1 (S. 25)	Krisenherde der Weimarer Republik (Karte)
	Folie 1 (S. 26 oben)	Chronik der Ereignisse von 1919–1923
Schüler lesen		

III. Wertung

Stummer Impuls	Folie (S. 21 unten)	Oskar Maria Graf: Denunzierungen in München
Aussprache		
	Folie 1 (S. 26 unten)	Rechtsprechung in der Weimarer Republik
Aussprache		

IV. Ausweitung

	Arbeitsblatt 2 (S. 29)	Problem der Weimarer Republik Anfang der 1920er-Jahre (Rätsel)
Kontrolle	Folie (S. 30)	

3./4. Unterrichtseinheit

I. Hinführung

Stummer Impuls	Tafel Wortkarten (12)	
Aussprache		
Zielangabe		**Inflation und Not der Bevölkerung**

II. Erarbeitung

Stummer Impuls	Folie 2 (S. 27)	Bilder zur Inflation und zur Not der Bevölkerung
Verbalisieren		
	Textblatt 2 (S. 28)	Die Inflation 1923
Lesen mit Aussprache		

III. Wertung

Leitfragen		1. Was ist eine „galoppierende" Inflation?
		2. Wer waren die Gewinner der Inflation, wer die Verlierer?
		3. Wie wurde die Inflation überwunden?

IV. Sicherung

	Arbeitsblatt 3 (S. 31)	Welche Probleme hatte die Weimarer Republik Anfang der 1920er-Jahre zu bewältigen?
Aussprache		
Kontrolle	Folie (S. 32)	
Film	DVD (15 Min.)	Das Krisenjahr 1923
Aussprache		

23

Der Hitler-Putsch in München wird am 9. November 1923 von der Polizei niedergeschossen.

Die Probleme der Weimarer Repubik zu Beginn der 1920-er Jahre

Die schweren Anfänge der Republik

Träger der politischen Macht waren die Parteien, die die geschlossenen gesellschaftlichen Gruppen mit ähnlichen Werthaltungen und Zielen vertraten.

In der zerrissenen Parteienlandschaft herrschten höchst unterschiedliche Vorstellungen über die politische Gestaltung Deutschlands, wo sich die Sozialdemokratische Partei Deutschlands (SPD), das Zentrum und die linksliberale Deutsche Demokratische Partei (DDP) uneingeschränkt zu den neuen demokratischen Verhältnissen bekannten. Aber die republikfeindlichen Parteien auf der rechten und linken Seite des politischen Zentrums gewannen immer mehr Einfluss.

Die politische Instabilität der Republik und das soziale Elend waren zu Beginn der 1920er-Jahre ein idealer Nährboden für radikale Parteien und extremistische Gruppierungen.

Im sogenannten „Kapp-Putsch" versuchten im März 1920 rechtsgerichtete Militärs mit einem Putsch in Berlin die Regierung zu übernehmen, im Ruhrgebiet und in Mitteldeutschland folgten 1920/21 revolutionäre Aufstandsbewegungen. Zudem erwies sich der Versailler Vertrag von 1919 als ein ständiger Ausgangspunkt nationaler Enttäuschung. Seine harten Bedingungen wie z. B. die Zahlung von 226 Milliarden Goldmark in 42 Jahresraten hatten blankes Entsetzen hervorgerufen, die meisten Deutschen lehnten ihn als „Diktat- und Schandfrieden" ab. Den Kampf gegen die „Fesseln von Versailles" fasste die nationale Rechte als eine Frage der Ehre auf. Sie betrieb eine hasserfüllte Hetze gegen die Republik und deren Vertreter und ermordeten u. a. den Reichsaußenminister Walther Rathenau und den Reichsfinanzminister Matthias Erzberger. Rathenau war auch wegen seiner jüdischen Abstammung zu einem Symbol der verhassten „Judenrepublik" gemacht worden. Hunderttausende demonstrierten nach seiner Ermordung am 24. Juni 1922 zwar für Republik und Demokratie, doch gegen den Antisemitismus des rechtsradikalen Lagers sowie gegen die demokratiefeindlichen Strömungen vermochten Demonstrationen allein nur wenig auszurichten.

Ruhrbesetzung und Inflation

In eine nahezu ausweglose Krise geriet die Weimarer Republik, als nach einer geringfügigen Verzögerung der deutschen Reparationsleistungen französische und belgische Truppen – rund 60 000 Soldaten – am 9. Januar 1923 das Ruhrgebiet besetzten.

Daraufhin verkündete die Reichsregierung den „passiven Widerstand", ein Generalstreik lähmte die Wirtschaft. Kein Bergmann fuhr in die Grube, kein Eisenbahner kam zum Dienst, kein Schiffer kehrte auf seinen Lastkahn zurück. Lokomotiven, Stellwerke, Kräne und Transportmaschinen blieben unbesetzt. In den Kasernen der Besatzungssoldaten wurde die Versorgung mit Strom, Wasser und Gas unterbrochen. Geschäftsleute weigerten sich, an die Soldaten irgend etwas zu verkaufen.

Allerdings kostete der Generalstreik dem Deutschen Reich täglich den Gegenwert von 40 Millionen Goldmark.

Die Inflation geriet nun völlig außer Kontrolle. Als sie im November 1923 den Höhepunkt erreichte, hatte die Währung ihre Funktion als Tauschmittel verloren. Die Ersparnisse ungezählter zutiefst enttäuschter Menschen waren vernichtet – und mit ihnen das Vertrauen in den Staat. Für Republik und Demokratie waren Millionen Deutsche unwiederbringlich verloren. Von Sachsen und Thüringen aus bedrohten 1923 kommunistische Aufstände die Republik, im Westen strebten politische Gruppen die Loslösung des Rheinlandes vom Deutschen Reich an.

Die ebenfalls zum Kampf gerüstete Rechte spann ihre Fäden zunehmend in München. Von hier aus wollte der Nationalsozialist Adolf Hitler zum „Marsch nach Berlin" ansetzen. Sein Putschversuch mithilfe seiner bewaffneter SA-Männer scheiterte am 9. November 1923 nach nur wenigen hundert Metern im Kugelhagel der bayerischen Polizei. Damit war die schwerste Gefahr für den Staat vorerst abgewendet.

Noch ahnte niemand, dass Hitler aus diesem blamablen Aufzug eine Helden-Geschichte machen würde, an die bereits zehn Jahre später Millionen Deutsche glaubten.

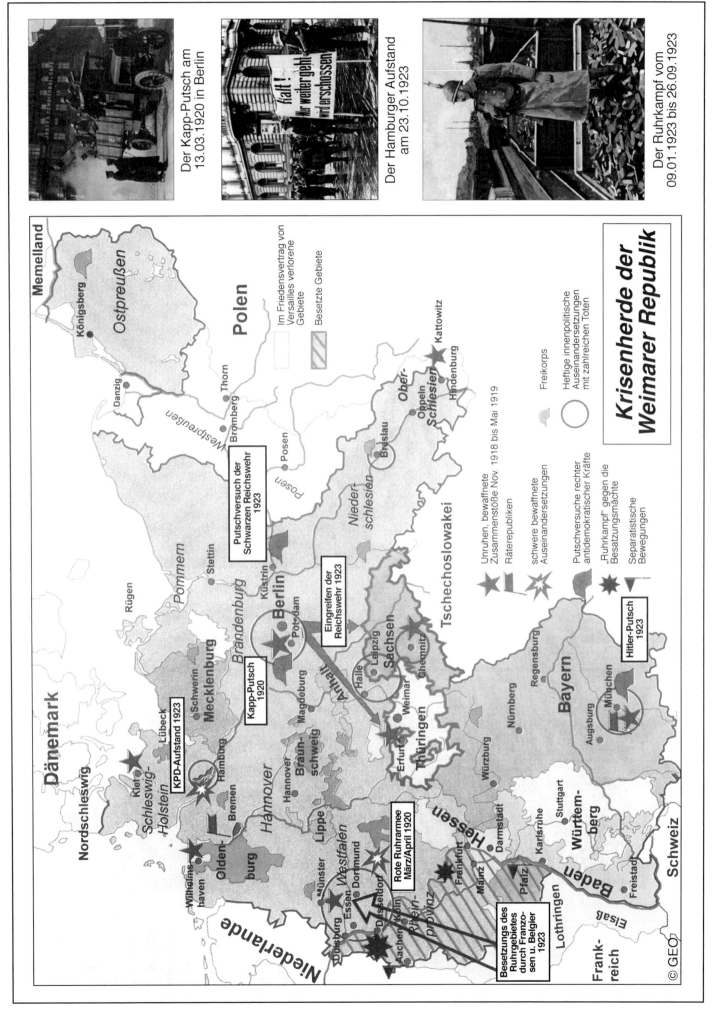

Der Kapp-Putsch am 13.03.1920 in Berlin

Der Hamburger Aufstand am 23.10.1923

Der Ruhrkampf vom 09.01.1923 bis 26.09.1923

Krisenherde der Weimarer Republik

Im Friedensvertrag von Versailles verlorene Gebiete

Besetzte Gebiete

Unruhen, bewaffnete Zusammenstöße Nov. 1918 bis Mai 1919

Räterepubliken

schwere bewaffnete Auseinandersetzungen

Putschversuche rechter antidemokratischer Kräfte

„Ruhrkampf" gegen die Besatzungsmächte

Separatistische Bewegungen

Freikorps

Heftige innenpolitische Auseinandersetzungen mit zahlreichen Toten

Putschversuch der Schwarzen Reichswehr 1923

Eingreifen der Reichswehr 1923

Kapp-Putsch 1920

Hitler-Putsch 1923

KPD-Aufstand 1923

Rote Ruhrarmee März/April 1920

Besetzungs des Ruhrgebietes durch Franzosen u. Belgier 1923

Memelland

Ostpreußen

Königsberg

Danzig

Thorn

Bromberg

Westpreußen

Posen

Polen

Niederschlesien

Oberschlesien

Oppeln

Kattowitz

Hindenburg

Breslau

Tschechoslowakei

Pommern

Stettin

Rügen

Mecklenburg

Schwerin

Brandenburg

Berlin

Potsdam

Küstrin

Anhalt

Magdeburg

Braunschweig

Leipzig

Halle

Sachsen

Chemnitz

Weimar

Erfurt

Thüringen

Regensburg

Nürnberg

Bayern

Würzburg

Augsburg

München

Dänemark

Nordschleswig

Schleswig-Holstein

Kiel

Lübeck

Hamburg

Bremen

Oldenburg

Wilhelms-haven

Hannover

Hannover

Lippe

Westfalen

Münster

Dortmund

Düsseldorf

Essen

Duisburg

Aachen

Köln

Rhein-provinz

Niederlande

Hessen

Frankfurt

Mainz

Darmstadt

Pfalz

Württemberg

Stuttgart

Karlsruhe

Baden

Freistadt

Elsaß

Lothringen

Frankreich

Schweiz

© GEO

26

Chronik der Ereignisse von 1919 bis 1923

1919

12. Januar:
Der Spartakusaufstand in Berlin wird gewaltsam niedergeschlagen.

15. Januar:
Rosa Luxemburg (KPD) und Karl Liebknecht (KPD) werden von Freikorpsoffizieren in Berlin ermordet.

21. Februar:
Der bayerische Ministerpräsident Kurt Eisner (USPD) wird ermordet.

31. März:
Streik von 250 000 Arbeitern im Ruhrgebiet für eine Sozialisierung des Bergbaus (bis 11. April 1919)

6. und 7. April:
Ausrufung einer kommunistischen Räterepublik in Bayern → Niederschlagung am 3. Mai

1920

13. Januar:
Polizeieinsatz bei Kundgebung gegen das Betriebsrätegesetz in Berlin → 42 Tote

26. Januar:
Attentat auf Finanzminister Matthias Erzberger (Zentrum)

17. März:
Wolfgang Kapp und Walter von Lüttwitz widersetzen sich der Auflösung ihrer Freikorps. In Berlin lässt sich Kapp zum Reichskanzler ausrufen → Generalstreik, an dem der Putsch von rechts scheitert

19. März:
Die Kommunisten (Rote Ruhrarmee) erobern Essen, Oberhausen, Elberfeld und Düsseldorf (Rückeroberung am 2. April 1920)

6. April:
Französische Armee besetzt rechtsrheinische Gebiete (entmilitarisierte Zone)

1921

29. Januar:
Unruhen über die Höhe der Reparationsleistungen des Versailler Vertrages von 1919. Das Deutsche Reich hat 226 Milliarden Goldmark zu leisten, zahlbar in 42 Jahresraten.

8. März:
Besetzung von Teilen des Ruhrgebiets durch französische und belgische Truppen aufgrund ausstehender Reparationszahlungen

1922

24. Juni:
Außenminister Walther Rathenau (DDP) wird in Berlin von Mitgliedern der rechtsradikalen Organisation Consul ermordet.

1923

11. Januar:
Erneuter Einmarsch französischer und belgischer Truppen ins Ruhrgebiet wegen ausstehender Reparationszahlungen → passiver Widerstand der Bevölkerung

8. November:
Adolf Hitler (NSDAP) und General Erich Ludendorff planen einen „Marsch auf Berlin", um die Reichsregierung zu stürzen. Hitler ruft in München die Nationale Revolution aus. Die Niederschlagung des Putsches durch Polizeikräfte erfolgt am 9. November → 20 Tote. Hitler wird am 1. April zu fünf Jahren Festungshaft in Landsberg/Lech verurteilt, aber schon nach sechs Monaten entlassen.

8. Dezember:
Der Reichstag verabschiedet das Gesetz zur Behebung der Not von Volk und Reich. → Notverordnungen zur Lohn-, Preis-, Steuer- und Sozialpolitik

Rechtsprechung in der Weimarer Republik von 1919 bis 1923

Dadurch, dass die Regierung der Republik die alten Richter im Amt belassen hatte, zeichnete sich ab, dass die Rechtsprechung sehr einseitig gehandhabt wurde. Eine Statistik der politischen Morde verdeutlicht das:

Begangen von:

	Linksradikalen	Rechtsradikalen
Anzahl der Morde bis 1922	22	354
Ungesühnte Morde	4	326
Teilweise gesühnte Morde	1	27
Gesühnte Morde	17	1
Verurteilte Mörder	38	24
Freigesprochene Täter	–	23
Hingerichtete Mörder	10	–
Freiheitsstrafe je Mord	15 Jahre	4 Monate

Walther Rathenau
(Reichaußen-
minister 1922)

Matthias Erzberger
(Reichsfinanz-
minister 1920)

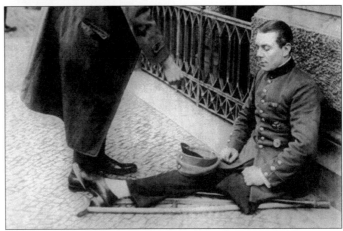

Die Inflation 1923
Als Rechnungen mit Schubkarren voller Geld bezahlt wurden

Die Inflation von 1923, das war die Zeit, in der Pfarrer nach dem Gottesdienst die Kollekte mit einem Waschkorb einsammelten, Schuldner ihre Rechnungen mit Schubkarren-Ladungen voller Geld bezahlten und das Essen in einem Lokal am Ende doppelt so viel kostete wie bei der Bestellung 30 Minuten zuvor. Die verrückteste Zeit des 20. Jahrhunderts – von den Wirren der Kriege einmal abgesehen – hat alle, die sie durchlitten, Zeit ihres Lebens vor einer neuen Geldentwertung zittern lassen. Denn beim galoppierenden Verfall der Währung verarmten große Teile der Bevölkerung.

Gewinner und Verlierer der Hyperinflation

Um den stets steigenden Geldbedarf zu decken, arbeiteten am Ende neben der deutschen Reichsbank 133 Privatdruckereien und 30 große Papierfabriken rund um die Uhr. Insgesamt wurden 10 Milliarden staatliche Inflationsscheine ausgegeben mit einem Nennwert von gigantischen 1,24 Trilliarden Mark – einer Zahl mit 22 Ziffern.

Während viele Sparer mit ihren Familien ihren ganzes Geld verloren, weil es wertlos geworden war, waren Großindustrielle, die hohe Schulden machten und am Ende fast nichts zurückzahlen mussten, die großen Gewinner. Schuld an dieser schlimmen Entwicklung war der Erste Weltkrieg, in den sich Deutschland stürzte, obwohl es sich diesen überhaupt nicht leisten konnte. Nur für wenige Tage reichte das Geld des Staates angesichts der hohen Ausgaben für Waffen, Munition, Soldaten und Transport – doch der Krieg dauerte vier Jahre. Die Materialschlachten kosteten Millionen von Menschenleben und führten zur bis dahin größten Geldvernichtung der Menschheitsgeschichte. Der fatale Fehler der deutschen Reichsregierung war, dass sie vom Sieg überzeugt war und den Gegner die Zeche des Krieges zahlen lassen wollte. Doch am Ende kam es genau umgekehrt: Deutschland ging an den Reparationszahlungen an die Siegermächte über die folgenden 1920er-Jahre hinweg in die Knie.

Die Preise steigen und steigen

Schon vor Beginn des sich immer stärker abzeichnenden Ersten Weltkrieges hatte die deutsche Bevölkerung im Juli 1914 bereits Goldmünzen im Wert von 100 Millionen Mark von den Reichsbankkassen abgezogen. Als Reaktion darauf wurde die Goldwährung am 4. August 1914 mit dem Ermächtigungsgesetz praktisch aufgehoben. Schuldverschreibungen und Darlehenskassenscheine waren Ausdruck vermehrter Geldmengen. Da immer weniger Waren auf dem Markt waren, nahmen Preissteigerungen enorm zu. Es entwickelte sich ein Teufelskreis. Immer mehr Geld war bald immer weniger wert, Preise und Löhne explodierten. Die Reichsmark war zum Spielgeld geworden. Wer seinen Lohn nicht gleich nach Erhalt wieder ausgab, konnte sich schon Stunden später kaum mehr etwas davon kaufen. Immobilien verloren drastisch an Wert, wurden bei Notveräußerungen oft verschleudert. Saniert waren dagegen die Schuldner. Wer sich etwa 1921 für ein Haus oder andere große Anschaffung in hohe Verbindlichkeiten gestürzt hatte, der war über Nacht seine Schulden los.

Der unglaubliche Preisverfall

Am 9. Juni 1923 kostete in Berlin in der Währung Reichsmark (RM):
• 1 Ei – 800 RM • 1 Liter Milch – 1440 RM
• 1 Kilo Kartoffeln – 5000 RM
Am 2. Dezember 1923 kostete in Berlin:
(Mrd. = Milliarden)
• 1 Ei – 320 Mrd. RM • 1 Liter Milch – 360 Mrd. RM
• 1 Kilo Kartoffeln – 90 Mrd. RM

Die Währungsreform beendet die Inflation

Lange wusste die Politik keinen Rat, wie man diesem Chaos Herr werden sollte. Die Lösung war am 15. November 1923 die Währungsreform, die die Inflation endlich beendete. Im Zuge des komplizierten Stabilisierungsprogramms hatte die Deutsche Rentenbank ein Grundkapital von 3,2 Milliaren Rentenmark durch Aufnahme einer Grundschuld von Landwirtschaft, Industrie, Handel und Gewerbe erhalten. Der Kurs für einen Dollar wurde auf 4,2 Billionen Papiermark festgesetzt, nach neuer Währung waren das 4,20 Rentenmark.

Nach den katastrophalen wirtschaftlichen Folgen der Inflation änderten die Alliierten ihre Politik gegenüber dem Deutschen Reich. Ihnen wurde bewusst, dass nur ein wirtschaftlich gesundes Deutschland umfassende Reparationszahlungen leisten konnte. Die Amerikaner installierten damals wie später auch nach dem 2. Weltkrieg eine Art „Marshallplan" und Mitte der 1920er-Jahre erholte sich die Wirtschaft.

Die Menschen – kriegs- und politikmüde – suchten positive Ablenkung. Am Ende wurden es noch die berühmten Goldenen Zwanziger Jahre (1924–1929), bei denen Glanz und Vergnügen hoch im Kurs standen.

29

Probleme der Weimarer Republik Anfang der 1920er-Jahre
Rätsel

1. Im Buchstabenrätsel sind zwölf Wörter versteckt, die etwas mit den Problemen der Weimarer Republik zu tun haben. Findest du sie heraus? Die Wörter können waagerecht, senkrecht und auch gegen die Leserichtung angeordnet sein.

S	A	R	B	E	I	T	S	L	O	S	I	G	K	E	I	T	V
N	A	U	F	S	T	Ä	N	D	E	X	U	T	L	A	W	E	G
I	R	E	P	A	R	A	T	I	O	N	E	N	E	A	T	R	R
R	E	C	H	T	S	R	A	D	I	K	A	L	I	S	M	U	S
R	G	S	W	O	H	N	U	N	G	S	N	O	T	M	T	I	I
R	N	C	H	S	U	M	S	I	N	U	M	M	O	K	V	N	N
R	U	H	R	K	R	I	S	E	T	E	M	O	R	D	E	E	E
Q	H	M	G	Z	M	T	Ä	T	I	L	A	N	I	M	I	R	K

2. Findest du im Bild rechts die zehn sachlichen Veränderungen im Vergleich zum Bild links?

GPG | Lösung

Probleme der Weimarer Republik Anfang der 1920er-Jahre
Rätsel

1. Im Buchstabenrätsel sind zwölf Wörter versteckt, die etwas mit den Problemen der Weimarer Republik zu tun haben. Findest du sie heraus? Die Wörter können waagerecht, senkrecht und auch gegen die Leserichtung angeordnet sein.

S	A	R	B	E	I	T	S	L	O	S	I	G	K	E	I	T	V
N	A	U	F	S	T	Ä	N	D	E	X	U	T	L	A	W	E	G
I	R	E	P	A	R	A	T	I	O	N	E	N	E	A	T	R	R
R	E	C	H	T	S	R	A	D	I	K	A	L	I	S	M	U	S
R	G	S	W	O	H	N	U	N	G	S	N	O	T	T	T	I	I
R	N	C	H	S	U	M	S	I	N	U	M	M	O	K	V	N	N
R	U	H	R	K	R	I	S	E	T	E	M	O	R	D	E	E	E
Q	H	M	G	Z	M	T	Ä	T	I	L	A	N	I	M	I	R	K

2. Findest du im Bild rechts die zehn sachlichen Veränderungen im Vergleich zum Bild links?

| **GPG** | Name: _____ | Datum: _____ | |

Welche Probleme hatte die Weimarer Republik Anfang der 1920er-Jahre zu bewältigen?

1. Zähle die wichtigsten Unruhen und Putschversuche radikaler Gruppen auf. Rechtsradikale Kräfte verübten bis Juni 1922 insgesamt 354 Morde an Politikern. Darunter waren Kurt Eisner 1919 (bayerischer Ministerpräsident), Matthias Erzberger 1921 (Reichsfinanzminister) und Walter Rathenau 1922 (Reichsaußenminister).

_____

_____

2. Französische und belgische Truppen besetzten 1920 Teile des Ruhrgebiets, weil die Reparationszahlungen (Kohle und Telegrafenmasten) geringfügig im Rückstand waren. Wie dabei große Teile der Bevölkerung reagierten, zeigt das Plakat links.

_____

_____

_____

_____

3. In München fand am 8. November 1923 der sogenannte „Hitler-Putsch" statt. Was wollten Hitler und seine Helfer? Wie endete der Aufstand?

_____

_____

_____

_____

_____

4. Was waren Ursachen für die Hyperinflation von 1923?

_____

_____

5. Wem fügte die Inflation am meisten Schaden zu?

_____

_____

_____

GPG	Lösung

Welche Probleme hatte die Weimarer Republik Anfang der 1920er-Jahre zu bewältigen?

1. Zähle die wichtigsten Unruhen und Putschversuche radikaler Gruppen auf? Rechtsradikale Kräfte verübten bis Juni 1922 insgesamt 354 Morde an Politikern. Darunter waren Kurt Eisner 1919 (bayerischer Ministerpräsident), Matthias Erzberger 1921 (Reichstagsabgeordneter) und Walter Rathenau 1922 (Reichsaußenminister).

Berlin (Kapp-Putsch 1920), Breslau, Leipzig, Chemnitz, Erfurt, Hamburg, Kiel, Wilhelmshaven, München (Hitler-Putsch 1923), Ruhrgebiet (Ruhrkampf ab 1920 bis 1923)

2. Französische und belgische Truppen besetzten 1920 Teile des Ruhrgebiets, weil die Reparationszahlungen in Form von Kohle geringfügig im Rückstand waren. Wie reagierten große Teile der Bevölkerung? Das zeigt das Plakat links.

Die Bevölkerung leistete acht Monate lang zumeist passiven Widerstand. Bergleute förderten keine Kohle mehr. Der Verkehr kam nahezu zum Erliegen. Die Besatzer erhielten keinen Strom, kein Wasser, kein Gas und keine Waren aus Geschäften.

3. In München fand am 8. November 1923 der sogenannte „Hitler-Putsch" statt. Was wollten Hitler und seine Helfer? Wie endete der Aufstand?

Hitler stürmte mit bewaffneten SA-Männern den Bürgerbräukeller in München. Dort erklärte er die demokratische Regierung in Berlin für abgesetzt. Er besetzte mit seinen Anhängern das Regierungsviertel in München. In einem Feuergefecht erschoss die bayerische Polizei daraufhin 20 Aufständische und nahm Hitler und seine Helfer fest.

Proklamation an das deutsche Volk!
Die Regierung der Novemberverbrecher in Berlin ist heute für **abgesetzt erklärt worden.** Eine **provisorische deutsche Nationalregierung** ist gebildet worden, diese besteht aus **Gen. Ludendorff Ad. Hitler, Gen. v. Lossow Obst. v. Seisser**

Plakat des Hitler-Putsches vom 9. November 1923

4. Was waren Ursachen für die Hyperinflation von 1923?

Enorme Schulden durch Ausgaben für den Ersten Weltkrieg; Reparationszahlungen; massenhafter Neudruck von Papiergeld

5. Wem fügte die Inflation am meisten Schaden zu?

Besonders hart getroffen hat die Inflation Millionen Arbeiter und Bürger, deren mühsam Erspartes nahezu über Nacht wertlos wurde.

Thema Welche Erfolge hatte die Weimarer Republik zu verzeichnen?

Lernziele

- Wissen um die weitgehend stabile Lage in der Weimarer Republik von 1924 bis 1929
- Wissen um die außenpolitischen Erfolge der Weimarer Republik durch Gustav Stresemann
- Kenntnis der Verträge, die die Isolation Deutschland beendeten
- Kenntnis der Erfolge in der Wirtschafts- und Sozialpolitik
- Wissen, was der Begriff „Goldene Zwanziger Jahre" bedeutet
- Fähigkeit, die Kehrseite der Goldenen Zwanziger Jahre zu erkennen und zu beurteilen

Arbeitsmaterial

- Bilder 1/2 für die Tafel
- Wortkarten (16); Folien 1/2/3; Textblätter 1/2
- Arbeitsblatt mit Lösung (Folie)
- DVD 4640293: Stresemanns Verständigungspolitik (15 Min.; 2003; f)
- https://story.berliner-zeitung.de/der-nackte-wahnsinn (mit kurzem youtube-video)
- https://www.geo.de/magazine/geo-epoche-kollektion/19744-rtkl-anita-berber

Tafelbild

Welche Erfolge hatte die Weimarer Republik zu verzeichnen?

Politik

Gustav Stresemann (1878–1929)
Reichskanzler Außenminister
Friedensnobelpreis 1926

Entspannungspolitik mit der Sowjetunion (Vertrag von Rapallo 1922)
Verträge mit Frankreich, England und Belgien (Verträge von Locarno 1925)
Freundschaftsvertrag mit der Sowjetunion (Berliner Vertrag 1926)
Aufnahme Deutschlands in den Völkerbund (September 1926)

Wirtschaft

Überwindung der Inflation 1923 mit der Einführung der Rentenmark
Dawes- und Young-Plan (1924/1929) Senkung der Reparationszahlungen
Frauenwahlrecht 1918
8-Stunden-Arbeitstag
Arbeitslosenversicherung 1927

Kultur

Blütezeit in Kunst, Architektur, Film, Musik, Literatur, Mode (1924 bis 1929)

Lehrskizze

1./2. Unterrichtseinheit

I. Motivation/Einstieg

Stummer Impuls	Tafel Bild 1 (S. 35)	Gustav Stresemann
	Tafel Wortkarten (3)	Gustav Stresemann (1878-1929); Reichskanzler/ Außenminister; Friedensnobelpreis 1926
Aussprache mit Lehrerinfo		
Impuls		L: Vor allem durch ihn hat die Weimarer Republik eine Reihe von Erfolgen erzielt.
Zielangabe	Tafel	**Welche Erfolge hatte die Weimarer Republik zu verzeichnen?**

II. Erarbeitung

	Textblatt 1 (S. 36)	Erfolge in der Außenpolitik der Weimarer Republik ab 1922 – der Weg aus der Isolation
Lesen mit Aussprache		
	DVD (15 Min.)	Stresemanns Verständigungspolitik
Aussprache		
Zusammenfassung	Tafel Wortkarte	Politik
	Tafel Wortkarten (4)	
Stummer Impuls	Tafel Bild 2 (S. 35)	Plakat: Das Frauenrecht
Aussprache		... Wahlrecht der Frauen ... ab 20 Jahre ..
Stummer Impuls	Folie 1 (S. 37)	Glanz und Gloria in der Weimarer Republik
Aussprache mit Lehrerinfo		• LZ 27 Zeppelin (1928), 128 km/h; 137 m lang; Reichweite: 10 000 km
		• Radios ab 1923; Staubsauger AEG Vampyr
		• Film (Stummfilm): Die Nibelungen (1924). Siegfried badet im Drachenblut
		• Varieté: Wintergarten in Berlin
		• Dornier Do-X (1929 größtes Flugzeug der Welt)
		• Film (Horrorfilm). Nosferatu (1922)
		• Kneipen: Vorführung einer Schlangenfrau
		• Max Schmeling: Boxweltmeister im Schwergewicht (1930–1932 und 1936–1938) mit Joe Louis
	Textblatt 2 (S. 38)	Wirtschaft, Gesellschaft, Kultur und Alltagsleben in der Zeit der Weimarer Republik
Lesen mit Aussprache		
Zusammenfassung	Tafel Wortkarten	Wirtschaft Kultur
	Tafel Wortkarten (6)	

3./4. Unterrichtseinheit

I. Hinführung

Verbalisierung	Tafelbild	

II. Erarbeitung

Stummer Impuls	Folie 2 (S. 39)	Die „Goldenen Zwanziger Jahre"
Aussprache		

III. Wertung

Impuls		L: Was war „golden", was nicht?
	Folie 3 (S. 40)	Die 20er-Jahre in Berlin waren aller Laster Anfang
Lesen mit Aussprache		

IV. Sicherung

	Arbeitsblatt (S. 41)	Welche Erfolge hatte die Weimarer Republik zu verzeichnen?
Kontrolle	Folie (S. 42)	

Erfolge in der Außenpolitik der Weimarer Republik ab 1922 – der Weg aus der Isolation

Vertrag von Rapallo

Anlässlich der Weltwirtschaftskonferenz in Genua kam es in Rapallo, einem Ort unweit des Konferenzortes Genua, zu Sonderverhandlungen zwischen den Vertretern der Weimarer Republik und der Sowjetunion, ehemals Russisches Reich.

Diese Verhandlungen führten am 16. April 1922 zu einem Vertragsabschluss. Mit dem von Reichskanzler Wirth und Außenminister Rathenau unterzeichneten Abkommen nahm Deutschland seine 1918 abgebrochenen diplomatischen Beziehungen zur Sowjetunion wieder auf. Beide Seiten verzichteten auf gegenseitige Reparationsforderungen wie Kriegskosten und Kriegsschäden.

Der Vertrag von Rapallo führte zu einer Annährung zwischen den beiden Staaten. Gleichzeitig gelang es beiden Staaten ihre außenpolitische Isolierung zu durchbrechen. Das Deutsche Reich gewann durch diesen Vertrag mehr Bewegungsfreiheit gegenüber Frankreich und Großbritannien, die in der Frage der Reparationszahlungen unnachgiebig blieben. Die Sowjetrepublik erhielt durch den Vertrag erstmals internationale Anerkennung.

Verträge von Locarno

Der Locarnovertrag besteht eigentlich aus sieben einzelnen Vereinbarungen, die in Locarno in der Schweiz vom 5. bis 16. Oktober 1925 verhandelt und am 1. Dezember in London unterzeichnet wurden. Die Verträge traten am 10. September 1926 mit der Aufnahme Deutschlands in den Völkerbund in Kraft.

Der in Locarno geschlossene Hauptvertrag bestand in einem Garantiepakt zwischen dem Deutschen Reich (Weimarer Republik), Frankreich, Belgien sowie Großbritannien und Italien als Garantiemächten. Deutschland erkannte damit die im sogenannten Versailler Vertrag diktierte Westgrenze an.

Das Deutsche Reich schloss zudem Schiedsverträge mit Polen und der Tschechoslowakei und verzichtete damit auf militärische Grenzänderungen. In Verträgen mit diesen beiden Staaten sicherte Frankreich ihnen Unterstützung bei einem Angriff zu. Der Verzicht auf militärische Grenzänderungen im Osten stellte allerdings keinen generellen Verzicht auf eine Rückholung der im Versailler Vertrag von Deutschland abgetrennten Gebiete dar.

Im Hintergrund der Verträge stand eigentlich die Tatsache, dass die einseitige Meistbegünstigung, die das Reich den Siegermächten nach dem Versailler Vertrag zu gewähren hatte, am 10. Januar 1925 ausgelaufen war. Das Deutsche Reich konnte seitdem über seine Handelspolitik wieder selbst bestimmen, was Frankreich und Großbritannien wirtschaftlich in Unruhe versetzten.

Für das Deutsche Reich war der Vertrag vor allem wichtig, um die internationale Isolation zu durchbrechen und eine Räumung des französisch besetzten Rheinlandes zu erreichen. Gustav Stresemann war bereit, für diese Ziele formal auf das französisch besetzte Reichsland Elsass-Lothringen und das belgisch besetzte Eupen-Malmedy zu verzichten.

Ein nicht unwichtiger Aspekt war auch das 1921 geschlossene Militärbündnis zwischen Frankreich und Polen, dessen Bedrohung Deutschlands durch die Verträge von Locarno neutralisiert werden sollte.

Berliner Vertrag

Der Berliner Vertrag war ein am 24. April 1926 zwischen der Weimarer Republik und der UdSSR geschlossener Freundschaftsvertrag. Er war die Fortsetzung des Vertrags von Rapallo und sollte der UdSSR zeigen, dass das Deutsche Reich auch nach den Verträgen von Locarno mit dem Westen und dessen Verbündeten mit der UdSSR zusammenarbeiten wollte. Er brachte aber nur wenig Neues. Der Vertrag enthielt Vereinbarungen über den Handel und über die bereits bestehende militärische Zusammenarbeit. Die Weimarer Republik sicherte der Sowjetunion zu, im Falle eines Krieges der Sowjetunion gegen einen Drittstaat neutral zu bleiben. Diese Neutralität bezog sich vor allem auf einen Krieg zwischen dem nach dem Ersten Weltkrieg aus deutschen und russischen Gebieten gegründeten Polen und der Sowjetunion.

Auf Grund der Neutralität des Deutschen Reichs wäre ein Eingreifen Frankreichs schon schwieriger geworden.

Glanz und Gloria in der Weimarer Republik

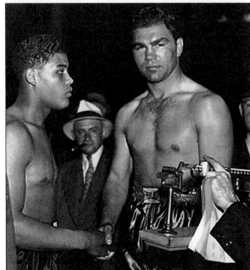

Wirtschaft, Gesellschaft, Kultur und Alltagsleben in der Zeit der Weimarer Republik

Wirtschaftliche Erfolge

Das Reichsfinanzwesens wurde durch die Aufteilung der Steuern neu geregelt. Der Staat erhielt 39 %, die Länder 23 % und die Gemeinden 38 %. Der Staat wurde unabhängig, er hatte bisher keine eigenen Steuereinnahmen. Auf dem Höhepunkt der Inflation 1923 kam es zu einer Währungsreform, die Rentenmark wurde eingeführt. Für eine Billion Papiermark erhielt man eine Rentenmark.

Ein allgemeiner wirtschaftlicher Aufschwung erfolgte durch Milliardenkredite vorwiegend aus den USA. Bis 1929 wurde 21 Milliarden Dollar an Deutschland gezahlt. Der Dawes-Planes 1924 regelte die Reparationszahlungen Deutschlands an die Siegermächte des Ersten Weltkrieges. Diese sollten sich an der wirtschaftlichen Leistungsfähigkeit der Weimarer Republik orientieren. Im Young-Planes 1929 wurden die Reparationszahlungen, die bis 1988 zu leisten waren, verringert. Mit den Krediten konnte die Produktion und der Export von hochwertigen Gütern wie Maschinen und chemischen Erzeugnissen angekurbelt werden.

Gesellschaftliche und soziale Erfolge

1918 erhielten die Frauen das aktive und passive Wahlrecht und durften ab 20 Jahren wählen. 1919 erzwangen die Gewerkschaften ein Mitspracherecht bei der Lohnfestsetzung und bei den Arbeitsbedingungen. 1920 waren per Gesetz Betriebsräte von Arbeitgebern verpflichtend einzusetzen. 1923 gab es Jugendgerichte. 1924 wurde die Angestelltenversicherung, 1927 die Arbeitslosenversicherung eingeführt. Damit hatte jeder Mensch, der unverschuldet ohne Arbeit war, einen Rechtsanspruch auf Arbeitslosenunterstützung. Weiterhin wurden zur Vermittlung von Arbeit Arbeitsämter eingerichtet. Auch Überstunden wurden mehrheitlich bezahlt. Besonderes Augenmerk wurde auf den Arbeits- und Kündigungsschutz für werdende und stillende Mütter gelegt. Zu lange Tagesarbeitszeiten wurden durch die Einführung eines 8-Stunden-Tages abgeschafft.

Kulturelle Erfolge

Die Blütezeit in Kunst und Kultur der Weimarer Republik dauerte etwa ein halbes Jahrzehnt, von 1924 bis 1929. Malerei, Architektur, Literatur, Film und Musik in Deutschland erlangten Weltruhm und begründeten die sogenannten „Goldenen Zwanziger Jahre".

Erfolge und Schattenseiten im Alltagsleben

Überschwänglich genossen die Menschen den raschen Fortschritt und den neuen Lebensstil. Vergnügungsstätten, Kinos, Kneipen und Bordelle schossen wie Pilze aus dem Boden. Immer mehr Menschen hatten ein wenig Anteil am wachsenden Wohlstand, aber nur wenige konnten sich ein Leben in Luxus leisten. Man verprasste sein Geld hier und heute, als ob es keinen Morgen mehr geben würde. Von daher stammte der Satz „Morgen früh ist Weltuntergang". Doch die Krise war nur überschminkt. Hinter der glitzernden Fassade der Großstadt, vor allem der von Berlin, war das Leben der unteren Schichten von monotoner Fabrik- und Akkordarbeit, langen Arbeitszeiten, Arbeitslosigkeit, geringer Bezahlung, Armut, Kriminalität, Hunger und Wohnungsnot geprägt. Verbrechen und Morde, Vergewaltigungen und Prostitution, aber auch aus bitterer Not heraus bettelnde Kriegsversehrte waren an der Tagesordnung.

Die „Goldenen Zwanziger Jahre"

Den von Krisen und Aufständen gezeichneten Anfangsjahren der Republik folgte nach der Währungsreform im November 1923 eine Normalisierung der politischen und wirtschaftlichen Lage. Der Alltag breiter Bevölkerungskreise wurde immer mehr von einer konsum- und freizeitorientierten Massenkultur bestimmt. Mitte der 1920er-Jahre gingen täglich etwa zwei Millionen Menschen in die Kinos, ein finanzkräftiges Bürgertum amüsierte sich gerne in den zahlreichen Revuen der Großstädte. Der Sport zog in der Weimarer Republik ein Massenpublikum an. Zum Fußball, im Kaiserreich noch als „undeutsche Fußlümmelei" verspottet, strömten wöchentlich Hunderttausende in die Stadien. Rad- und Autorennen zogen ebenso wie Boxveranstaltungen riesige Zuschauermengen an. Das neue Medium Rundfunk trat ab 1923 unaufhaltsam seinen Vormarsch an, innerhalb von zehn Jahren erhöhte sich die Zahl der in Deutschland angemeldeten Rundfunkgeräte von knapp 10 000 auf über 5,4 Millionen. Auch Schallplatten förderten die Verbreitung schnell wechselnder Schlager und Tänze wie des Charleston oder des beliebten Shimmy. Das Tanzvergnügen gehörte zum Lebensstil der sogenannten „Goldenen Zwanziger", die allerdings so golden nur für wenige, besser gestellte Deutsche waren. Die rauschenden Partys endeten mit der im Oktober 1929 beginnenden Weltwirtschaftskrise.

Großstadt
Dreiteiliges Gemälde (hier: Mittelbild) von Otto Dix (1928) © VG Bild-Kunst, Bonn 2020

Die Zwanziger Jahre in Berlin waren aller Laster Anfang

Gern verklären wir die Zwanziger Jahre als golden, doch das waren sie nur für wenige – und selbst für diese nur ein gutes halbes Jahrzehnt, zwischen Ende der Inflation und Beginn der Weltwirtschaftskrise. Die neue Fernsehserie „Babylon Berlin", produziert von Tom Tykwer auf Grundlage der Kriminalromane von Volker Kutscher, erzählt davon.

Die Serie zeichnet das Panorama einer Gesellschaft, die aus den Zwanziger Jahren, einer Zeit, die berauscht war von sich, von neuen gesellschaftlichen Freiheiten, von aufbrechenden Konventionen in Kunst, Musik und Literatur, in das dunkelste Kapitel der deutschen Geschichte taumelt. Curt Moreck (1888–1957) beschrieb 1931 die vergnügungssüchtige Stadt. Nun ist sein „Führer durch das lasterhafte Berlin" neu erschienen. Moreck schildert alle erdenklichen Vergnügungen zwischen Friedrichstraße und Kurfürstendamm in Berlin.

Ein ausschweifender Abend begann um 17 Uhr beim Tanztee. Beispielsweise im Hotel Esplanade in der Bellevuestraße. Bubikopf-Damen trafen auf smarte Eintänzer, Flirts lagen in der Luft. Anschließend luden 900 Ballhäuser zum Schmusetanz.

In Varietés wie dem berühmten „Wintergarten" schmissen die „Girls" ihre langen Beine reihenweise in die Luft. Wer lieber als Mann mit einem Mann oder als Frau mit einer Frau tanzen wollte, der ging ins „Eldorado" in der Martin-Luther-Straße.

Die käufliche Liebe fand man an der Weidendammer Brücke und vor dem KaDeWe (Kaufhaus des Westens) am Tauentzien. „Nutten-Aquarium" tauften Zeitgenossen die Nackt-Badeanstalten, weil dort die Herren die Damen in der neuesten Bademode begafften.

Im „Luna-Park" tummelte man sich oft im Eva-Kostüm bis in die Morgenstunden. Er war der größte Vergnügungspark Europas, entstanden nach dem Vorbild von Coney Island in New York, am Ostufer des Halensees gelegen. Was hatte dieser Rummelplatz alles zu bieten: Schaubuden und Restaurants mit insgesamt 16000 Sitzplätzen, Revue und Kabarett, Blasorchester und Jazzbands, Tanzturniere und Boxkämpfe, sowie jede Nacht ein großes Feuerwerk.

In den Kaschemmen regierte die Unterwelt. Rund um den Alex, in Sichtweite zum Polizeipräsidium, trafen sich Berufsverbrecher wie „Muskel-Adolf" in Kellerlokalen. Moreck schreibt: „Hier ist im wahrsten Sinne die Schattenseite Berlins. [...] Die Ganoven scheinen einen großen Durst zu haben, und die Mädchen scheinen fleißig Geld an ihre Zuhälter abzuladen, denn Hehlergeld und Prostitutionsgeld regieren die Unterwelt."

Und dann gab es ja auch noch das „Sing-Sing" in der Chausseestraße, wo die Swingkapelle in Sträflingskluft jazzte und Kellner Polizeiuniformen trugen. Wer auf einem nachgebauten elektrischen Stuhl die beste Show ablieferte, bekam eine Nacht lang Freibier. 1933 war der Spaß vorbei. In Berlin übernahmen die Nationalsozialisten die Macht. Sie bereiteten dem zwielichtigem Nachtleben für lange Zeit ein Ende.

Das preußische Innenministerium ließ Lokale schließen, die in Verdacht standen, die „Unsittlichkeit" zu fördern. Auch das „Sing-Sing" in Berlin verschwand.

| **GPG** | Name: _____ | Datum: _____ | |

Welche Erfolge hatte die Weimarer Republik zu verzeichnen?
Die Jahre der Stabilisierung von 1924 bis 1929

Nach schwierigen Anfangsjahren prägten schließlich wirtschaftliche Erholung sowie politische und gesellschaftliche Stabilität die Weimarer Republik. Man sprach auch von den „Goldenen Zwanzigern".

1. Mit welchem Staat schloss Deutschland den Vertrag von Rapallo im April 1922 und den Berliner Vertrag im April 1926? Was wurde dort festgelegt?

_____

_____

2. Mit welchen Staaten wurden die Verträge von Locarno im Oktober 1925 geschlossen? Inhalt?

_____

_____

_____

_____

_____

3. Die Außenpolitik des Reichskanzlers und späteren Außenministers Dr. Gustav Stresemann kann unter dem Begriff „Versöhnungspolitik" zusammengefasst werden. Erkläre.

_____

_____

_____

4. Was bedeutet die Zeichnung rechts? Erkläre.

Dawesplan

_____

_____

_____

_____

5. Welche wirtschaftlichen und sozialen Erfolge verbuchte die Weimarer Republik? Schreibe in Stichpunkten.

_____

_____

_____

_____

6. Was verstehst du unter den sogenannten „Goldenen Zwanziger Jahren"?

_____

_____

GPG	Lösung

Welche Erfolge hatte die Weimarer Republik zu verzeichnen?
Die Jahre der Stabilisierung von 1924 bis 1929

Nach schwierigen Anfangsjahren prägten schließlich wirtschaftliche Erholung sowie politische und gesellschaftliche Stabilität die Weimarer Republik. Man sprach auch von den „Goldenen Zwanzigern".

1. Mit welchem Staat schloss Deutschland den Vertrag von Rapallo im April 1922 und den Berliner Vertrag im April 1926? Was wurde dort festgelegt?

Mit der Sowjetunion; Aufnahme diplomatischer Beziehungen, gegenseitiger Verzicht auf Reparationen; Handelsbeziehungen

2. Mit welchen Staaten wurden die Verträge von Locarno im Oktober 1925 geschlossen? Inhalt?

Mit Großbritannien, Frankreich, Belgien und Italien; Garantie der Westgrenze; Räumung von Ruhrgebiet und Rheinland; Auflockerung der Isolation

3. Die Außenpolitik des Reichskanzlers und späteren Außenministers Dr. Gustav Stresemann kann unter dem Begriff „Versöhnungspolitik" zusammengefasst werden. Erkläre.

Aussöhnung mit Frankreich, erreicht durch die Außenminister Gustav Stresemann und Aristide Briand. Deutschland wurde 1926 in den Völkerbund aufgenommen.

4. Was bedeutet die Zeichnung rechts? Erkläre.

Deutsche Hände strecken sich der Sonne (= Dollar) entgegen. Deutschland erhielt, durch den amerikanischen Dawes-Plan von 1924 in Rollen gebracht, Finanzhilfen in Milliardenhöhe.

Dawesplan

5. Welche wirtschaftlichen und sozialen Erfolge verbuchte die Weimarer Republik? Schreibe in Stichpunkten.

Wahlrecht für Frauen ab 20 Jahren; Mitspracherecht der Gewerkschaften bei der Lohnfestsetzung und bei den Arbeitsbedingungen; Jugendgerichte; Angestellten- und Arbeitslosenversicherung; Einrichten von Arbeitsämtern; Bezahlung von Überstunden; Einführung eines 8-Stunden-Tages

6. Was verstehst du unter den sogenannten „Goldenen Zwanziger Jahren"?

Es sind die stabilen Jahre der Weimarer Republik von 1924 bis 1929 mit der Blütezeit in Kunst, Kultur, Film, Sport, Technik und Unterhaltung.

Thema
Warum scheiterte die Weimarer Republik?

Lernziele

- Kenntnis der Ursachen, die für das Scheitern der Weimarer Republik verantwortlich waren
- Wissen, was die Hyperinflation von 1923 bewirkte
- Wissen um die Auswirkungen der Weltwirtschaftskrise 1929
- Wissen, welche Rolle Verfassungsmängel wie die Notverordnungen für das Scheitern der Weimarer Republik verantwortlich waren
- Fähigkeit, aus Bildern und Karikaturen deren politische Aussage herausfinden können

Arbeitsmaterial

- Bilder 1/2/3 für die Tafel
- Wortkarten (11)
- Folien 1/2 ; Textblatt
- Arbeitsblätter 1/2 mit Lösungen (Folien)
- DVD 4652897: Weltwirtschaftskrise 1929–1932. Die Republik gerät in Not (15 Min.; 2005; f)
- DVD 4654210: Die Weimarer Republik 1918–1933 (98 Min.; 2005; f)

Tafelbild

Warum scheiterte die Weimarer Republik?

Reichspräsident hat zu viel Macht	Aufstieg rechts- und linksradikaler Parteien	Weltwirtschaftskrise 1929

Zu viele kleine Parteien → keine Einigung im Parlament	Militär, Adel, Justiz, Großunternehmen → Ablehnung der Demokratie

Versailler Vertrag 1919	Verfassungsmängel („Notverordnungen")	Hyperinflation 1923

Hohe Arbeitslosigkeit	Armut, Not und Elend	Steigende Kriminalität

Folie 2

Die Weimarer Republik entstand im Zuge der Novemberrevolution 1918 und löste die Kaiserzeit ab. Sie begann mit der Ausrufung der Republik am 9. November 1918 und endete mit der Machtübernahme der Nationalsozialistischen Deutschen Arbeiterpartei Deutschlands (NSDAP) und der Ernennung Adolf Hitlers zum Reichskanzler am 30. Januar 1933.

Lehrskizze

1./2. Unterrichtseinheit

I. Motivation/Einstieg

Stummer Impuls	Tafel Bilder 1/2/3 (S. 45/46)	Hitler mit Reichspräsident Paul von Hindenburg/ NSDAP/Schwarzer Freitag
Aussprache mit Lehrerinfo Überleitung		L: Es gibt noch weitere Ursachen, warum die Weimarer Republik scheiterte.
Zielangabe	Tafel	**Warum scheiterte die Weimarer Repulik?**

II. Erarbeitung

Aussprache zu den Bildern	Folie 1 (S. 47)	Warum scheiterte die Weimarer Republik? • Pferd mit Hitlerkopf (galoppierende Inflation, Hilflosigkeit des Deutschen Reiches) • Hohe Arbeitslosigkeit • 1932 knapp sechs Millionen Arbeitslose • Reichspräsident Paul von Hindenburg lehnt die Republik ab, er will wieder das alte Kaiserreich. Er hat zu viel Macht und kann ohne Parlament Reichskanzler ein- und wieder absetzen und den Reichstag auflösen (Präsidialregierung). • Armut, Elend und Wohnungsnot • Versailler Vertrag mit seinen schlimmen Folgen • Wahlplakat: Unsere letzte Hoffnung – Hitler. Die NSDAP hat einen gewaltigen Zulauf.
Lesen mit Aussprache	Textblatt (S. 48)	Warum scheiterte die Weimarer Republik?
Film	DVD (15 Min.)	Weltwirtschaftskrise 1929–1932. Die Republik gerät in Not.
Aussprache Zusammenfassung Aussprache	Tafel Wortkarten (11)	
Schüler lesen	Folie 2 (S. 43)	Weimarer Republik

III. Sicherung

Kontrolle	Arbeitsblatt 1 (S. 49) Folie (S. 50)	Warum scheiterte die Weimarer Republik?

3./4./5. Unterrichtseinheit

I. Anknüpfung

Lesen mit Aussprache	Folie 2 (S. 43)	

II. Zusammenfassung

Aussprache	DVD (98 Min.)	Die Weimarer Republik 1918–1933
Kontrolle	Arbeitsblatt 2 (S. 51) Folie (S. 52)	Bist du Weimarer Republik-Experte?

III. Ausweitung

Planung einer Ausstellung Erstellung Ausstellung Aula mit Präsentation	Plakate Power-Point	Weimarer Republik – Glanz und Elend

Der „Schwarze Freitag"
1929: Vom Börsencrash zur Weltwirtschaftskrise

NSDAP

Warum scheiterte die Weimarer Republik?

Die Bilder, Grafiken und Karikaturen zeigen Ursachen, warum die Weimarer Republik trotz vieler Erfolge letztendlich scheiterte. Sprich mit deiner Lehrkraft darüber und schreibe in Stichpunkten Gründe für das Scheitern der Weimarer Republik auf.

Schloss von Versailles

Inflation

Nehme jede ARBEIT an!

Unsere letzte Hoffnung: HITLER

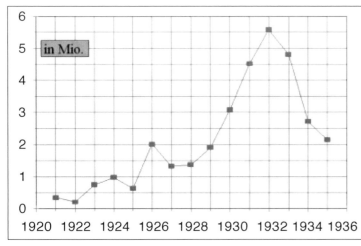

in Mio.

GPG | Name: _____ | Datum: _____ |

Warum scheiterte die Weimarer Republik?

Obwohl die Weimarer Republik sogar das Krisenjahr 1923 überstand, scheiterte sie dennoch. Dafür gab es verschiedene Gründe.

Versailler Vertrag

Der Versailler Vertrag war in mehrfacher Hinsicht ein Grund für das Scheitern der Weimarer Republik. Zu hohe Reparationszahlungen, Gebietsabtrennungen, Demontage, totale Abrüstung und Entwaffnung, die Kriegsschuldfrage und die mangelnde Beteiligung Deutschlands an den Friedensverhandlungen trafen die noch junge, vom Krieg angeschlagene Republik schwer. Zwar verzichteten die Alliierten erst auf einen großen Teil und später komplett auf die Reparationszahlungen, allerdings zu spät. Das deutsche Volk fühlte sich isoliert, gehasst und gedemütigt. Übersteigerter Nationalismus und Antisemitismus waren die Folge. Die rechtsradikalen Parteien nutzten den Hass auf die Siegermächte und die „Erfüllungspolitiker" für ihre Propagandazwecke rigoros aus, was zu immer größeren Stimmgewinnen führte. Auch die linksradikale Kommunistische Partei Deutschlands konnte ihre Position festigen. Die Weimarer Republik befand sich im „Zangengriff" der radikalen Parteien.

Eine Demokratie ohne Demokraten

Die von den Siegermächten verordnete Demokratie kam im Großteil der Bevölkerung nie richtig an. Viele demokratischen Anhänger waren bereits schon nach dem Scheitern der Märzrevolution 1848 ausgewandert. Es fehlte ein demokratisches Traditionsbewusstsein. Der deutsche Obrigkeitsstaat lehnte die Demokratie ab. Und die alten Eliten, die Führungskräfte des Kaiserreichs wie das Heer, die hohe Beamtenschaft, die Justiz, der Adel und das Großunternehmertum, an denen festgehalten wurde, taten dies auch. Den Politikern gelang es nicht, die skeptische Bevölkerung von der

Demokratie der Weimarer Republik zu überzeugen.

In seiner Karikatur „Sie alle tragen die Buchstaben der Firma – aber wer trägt den Geist?" wollte Thomas Theodor Heine auf das geringe demokratische Bewusstsein verschiedener Bevölkerungsgruppen hinweisen, auf eine Demokratie ohne Demokraten, auf eine Republik ohne Republikaner.

Schwachstellen in der Weimarer Verfassung von 1919

Das Problem an der Weimarer Republik war die Vermischung von Machtbefugnissen des Parlaments und des Reichspräsidenten. Besonders der Artikel 48, die Notstandsverordnung, die die Grundrechte der Bürger außer Kraft setzten konnte, störte immer wieder die politische Ordnung der Weimarer Republik. Vor allem aber hatte der Reichspräsident zu viel Macht. Mit dem Artikel 25 konnte er beispielsweise den Reichstag beliebig oft auflösen. Dass mit Paul von Hindenburg auch noch ein Republikfeind zum Reichspräsidenten gewählt wurde, schwächte das politische System zusätzlich.

Es gab auch keine Fünf-Prozent-Hürde für Parteien, wie man sie heute kennt. Durch eine starke Parteienzersplitterung wurden Mehrheitsbildungen enorm erschwert.

Weltwirtschaftskrise

Auch wirtschaftlich ging es einem Großteil der Bevölkerung schlecht. Am 25. Oktober 1929 kam es zu einer Weltwirtschaftskrise, bekannt unter dem Namen „Schwarzer Freitag". Die Arbeitslosenzahlen schnellten empor und erreichten die Rekordhöhe von fast sechs Millionen. Die 1927 gegründete Arbeitslosenversicherung war völlig überlastet, die Menschen verarmten zusehends und verloren das Vertrauen in das politische System der Weimarer Republik.

Spaltung der Arbeiterbewegung

Schon 1916 gab es erste Abspaltungsversuche bei der SPD. 1917 folgte die Gründung der USPD, 1918 die Gründung der KPD. Als linksradikale Parteien waren sie für die SPD und die Weimarer Republik aber ernstzunehmende Gegner.

Der Aufstieg der NSDAP

Die NSDAP unter Führung von Adolf Hitler erfuhr einen rasanten Aufstieg. Die politisch Verantwortlichen unterschätzten Hitler und seine Partei, dachten sogar, sie kontrollieren zu können. Die NSDAP indes war mit ihrer massiven und aggressiven Propaganda höchst erfolgreich und trug maßgeblich zum Fall der Weimarer Republik bei. Die NSDAP sicherte sich nicht nur die Unterstützung der Bevölkerung, sondern auch vieler Großindustrieller.

| **GPG** | Name: _____ | Datum: _____ |

Warum scheiterte die Weimarer Republik?

Die fünf Bilder zeigen Gründe, warum die Weimarer Republik scheiterte. Schreibe zu jeder Karikatur ein bis zwei Sätze.

„Sie alle tragen die Buchstaben der Firma – aber wer trägt den Geist?"
Thomas Theodor Heine (1927)

1. Karikatur:

_____

_____

_____

_____

2. Karikatur:

_____

_____

_____

_____

3. Karikatur:

_____

_____

_____

_____

4. Karikatur:

_____

_____

_____

„Kein Grund zum Verzagen, solange noch Kanzler am laufenden Band produziert werden!"
Karl Arnold (1932)

5. Karikatur:

_____

_____

_____

GPG	Lösung

Warum scheiterte die Weimarer Republik?

Die fünf Bilder zeigen Gründe, warum die Weimarer Republik scheiterte. Schreibe zu jeder Karikatur ein bis zwei Sätze.

„Sie alle tragen die Buchstaben der Firma – aber wer trägt den Geist?"
Thomas Theodor Heine (1927)

1. Karikatur:

Der Versailler Vertrag begünstigt durch seine überzogenen Forderungen das Entstehen links- und rechtsradikaler Strömungen (KPD und NSDAP).

2. Karikatur:

Die Karikatur zeigt Hitler als Pferd, das die galoppierende Inflation darstellen soll. Auf den Rücken gebunden ist Reichskanzler Hermann Müller, stellvertretend für das hilflose, machtlose deutsche Volk.

3. Karikatur:

Zum Scheitern trägt auch das geringe demokratische Bewusstsein verschiedener Bevölkerungsgruppen bei. Militär, Justiz, Adel, Beamte und Großunternehmer lehnen die Demokratie ab.

4. Karikatur:

Die Parteienzersplitterung (keine 5 %-Hürde) erschwert eine Mehrheitsbildung. Das Parlament ist zerstritten und handlungsunfähig.

„Kein Grund zum Verzagen, solange noch Kanzler am laufenden Band produziert werden!"
Karl Arnold (1932)

5. Karikatur:

Reichspräsident Paul von Hindenburg zaubert aus seinem Zylinder ständig neue Reichskanzler. In 14 Jahren treten in der Weimarer Republik zwölf Reichskanzler ihr Amt an. Auch deshalb ist keine stabile Regierung möglich.

| **GPG** | Name: _____ | Datum: _____ | |

Bist du Weimarer Republik-Experte?

1. Löse das Rätsel unten. Wie heißt das Lösungswort?

1. Kaum Nahrungsmittel. Folge?

2. Aufstand 1918 in Kiel durch wen?

3. Fremdwort für „Geldentwertung"?

4. Erfindung in den 20er-Jahren?

5. Tanz in den 20er-Jahren?

6. Kommunistischer Politiker?

7. Deutscher Politiker (Nobelpreis)?

8. Durchsuchung durch die Polizei?

9. Finanzieller Hilfsplan 1924?

10. Rechtsradikale Partei?

11. Größte deutsche Stadt?

12. Gemäßigte Partei?

13. Fremdwort für Streitkräfte?

14. Vorname Stresemanns?

15. Erster Reichspräsident ab 1919?

16. Krise ab 1923 im Westen Deutschlands?

17. Musikstil aus den USA?

18. Vertrag von .... im Jahr 1919?

19. Reichsaußenminister (1922 ermordet)?

20. Was fand auf dem „Avus" statt?

21. Reichspräsident Paul von ...?

2. Wie heißen die unten abgebildeten Personen, die in der Weimarer Republik lebten?

GPG | Lösung

Bist du Weimarer Republik-Experte?

1. Löse das Rätsel unten. Wie heißt das Lösungswort?

Frage	Lösung
1. Kaum Nahrungsmittel. Folge?	H U N **G** E R S N O T
2. Aufstand 1918 in Kiel durch wen?	M A T R **O** S E N
3. Fremdwort für „Geldentwertung"?	I N F **L** A T I O N
4. Erfindung in den 20er-Jahren?	R U N **D** F U N K
5. Tanz in den 20er-Jahren?	C H A R L **E** S T O N
6. Kommunistischer Politiker?	L I E B K **N** E C H T
7. Deutscher Politiker (Nobelpreis)?	S T R E S **E** M A N N
8. Durchsuchung durch die Polizei?	R A Z **Z** I A
9. Finanzieller Hilfsplan 1924?	D A **W** E S P L A N
10. Rechtsradikale Partei?	N S D **A** P
11. Größte deutsche Stadt?	B E R L I **N**
12. Gemäßigte Partei?	**Z** E N T R U M
13. Fremdwort für Streitkräfte?	M I L **I** T Ä R
14. Vorname Stresemanns?	**G** U S T A V
15. Erster Reichspräsident ab 1919?	E B **E** R T
16. Krise ab 1923 im Westen Deutschlands?	R U H **R** K R I S E
17. Musikstil aus den USA?	**J** A Z Z
18. Vertrag von .... im Jahr 1919?	V E R S **A** I L L E S
19. Reichsaußenminister (1922 ermordet)?	R A T **H** E N A U
20. Was fand auf dem „Avus" statt?	A U T O **R** E N N E N
21. Reichspräsident Paul von ...?	H I N D **E** N B U R G

2. Wie heißen die unten abgebildeten Personen, die in der Weimarer Republik lebten?

G. Stresemann   F. Ebert   K. Liebknecht   P. v. Hindenburg   M. Dietrich   M. Schmeling

Thema	**Wie gelang der NSDAP Aufstieg und „Machtergreifung"?**

Lernziele

- Kenntnis von den Ursachen für den Aufstieg der NSDAP
- Wissen um die Stationen der „Machtergreifung"
- Überblick über die Reichstagswahlen von 1919 bis 1933
- Beschaffen von Informationen über den Röhm-Putsch mithilfe des Internets
- Kenntnis des Ermächtigungsgesetzes mit seiner Problematik
- Kennenlernen von Zeitzeugenberichten über die „Machtergreifung" und das Ermächtigungsgesetz

Arbeitsmaterial

- Bilder 1/2 für die Tafel
- Wortkarten (7)
- Textblätter 1/2/3; Folien 1/2
- Arbeitsblatt mit Lösung
- DVD 4671210: Der Weg zur Macht 1929–1932 (90 Min.; 2014; f/sw)
- DVD 4670639: Die Machtergreifung 1932–1934 (90 Min.; 2014; f/sw)

Tafelbild

Wie gelang der NSDAP Aufstieg und „Machtergreifung"?

Reichstagsbrand- verordnung 28. Februar 1933	Ermächtigungs- gesetz 24. März 1933	Beamten- gesetz 7. April 1933

Zerschlagung der Gewerkschaften 2. Mai 1933	Bücher- verbrennung 10. Mai 1933

Parteien- gesetz 14. Juli 1933	Zerschlagung der SA (Röhm-Putsch) 30. Juni 1934

Lehrskizze

1./2. Unterrichtseinheit

I. Motivation/Einstieg

Stummer Impuls	Tafel Bilder 1/2 (S. 55)	Reichstagsbrand/Marsch durch das Brandenburger Tor/Reichstag in der Kroll-Oper 1933
Aussprache mit Lehrerinfo Überleitung		L: Schritt für Schritt übernahm Hitler die Macht.
Zielangabe	Tafel	**Wie gelang der NSDAP Aufstieg und „Machtergreifung"?**

II. Erarbeitung

	Textblatt 1 (S. 56)	Der Aufstieg der NSDAP von 1919 bis 1933
Aussprache	Folie 1 (S. 57)	Reichstagswahlen 1919 bis 1933
Aussprache	Folie 1 (S. 57)	Wahlplakate der NSDAP
Aussprache Zusammenfassung	Tafel Wortkarten (7) (S. 53)	

III. Wertung

	Textblatt 2 (S. 58)	Schwarzer Tag für die Demokratie: Die „Machtergreifung" Hitlers am 30. Januar 1933
Impuls		L: Welche Grundrechte werden vor allem außer Kraft gesetzt?
Aussprache		• Recht auf persönliche Freiheit • Recht auf freie Meinungsäußerung • Pressefreiheit • Versammlungsrecht • Brief- und Fernmeldegeheimnis

IV. Ausweitung

Film (Ausschnitt) Aussprache	DVD (90 Min.)	Der Weg zur Macht 1929–1932

3./4. Unterrichtseinheit

I. Hinführung

Wiederholung	Tafel Wortkarten (9) Folie 2 (S. 59)	Bilder
Aussprache mit Lehrerinfo		1. Reichstagsbrand am 27. Februar 1933 2. Marsch durch Berlin am 30. Januar 1933 3. Verbot von Gewerkschaften am 2. Mai 1933 4. Bücherverbrennung am 10. Mai 1933 5. Boykott jüdischer Geschäfte ab April 1933 6. Tod Hindenburgs am 2. August 1934

II. Erarbeitung

	Textblatt 3 (S. 60)	Das Ermächtigungsgesetz
Schüler lesen Aussprache		

III. Vertiefung

	Arbeitsblatt (S. 61)	Wie gelang der NSDAP Aufstieg und „Machtergreifung?"
Kontrolle	Folie (S. 62)	

IV. Ausweitung

Film Aussprache	DVD (90 Min.)	Die Machtergreifung 1932–1934

55

Der Aufstieg der NSDAP von 1919 bis 1933

Im Reichstag der Weimarer Republik zunächst als unbedeutende Partei geduldet und unterschätzt, gelang Hitlers NSDAP am 30. Januar 1933 die Machtübernahme. Frenetischer, massenhafter Jubel trug Hitler und seine fanatische Gefolgschaft damals an die Spitze.

1919:
Noch im Gründungsjahr tritt Adolf Hitler der radikal-nationalistischen Deutschen Arbeiterpartei DAP bei.

1921:
Hitler wird Erster Vorsitzender der 1920 umbenannten Nationalsozialistischen Deutschen Arbeiterpartei NSDAP.

1923:
Ein von Hitler angezettelter Putsch, der „Marsch auf die Feldherrnhalle", scheitert.

Die NSDAP wird verboten. Hitler wird zu fünf Jahren Gefängnis wegen Volksverrats verurteilt.

1925:
Nachdem Hitler bereits 1924 vorzeitig aus der Haft entlassen wurde, gründet sich die NSDAP neu. Nun mit dem Ziel, die Macht auf legalem Wege zu erhalten.

1928:
Bei der Wahl zum 4. Reichstag stimmen gerade einmal 2,6 Prozent der Wähler für die Nationalsozialisten. Der sozialdemokratische Reichskanzler Hermann Müller bildet die letzte demokratisch gewählte Regierung der Weimarer Republik.

1929:
Im Zuge der Weltwirtschaftskrise bricht in Deutschland der kreditfinanzierte Wirtschaftsaufbau wie ein Kartenhaus zusammen. Massenarbeitslosigkeit, Armut und Verzweiflung bieten daraufhin den Nährboden für den starken Zulauf der antidemokratischen Parteien.

1930:
Im März tritt die Regierung Müller im Streit über die Erhöhung der Beitragssätze zur Arbeitslosenversicherung zurück. Ohne das Vertrauen des vom Volk gewählten Reichstags, gestützt auf das Recht des Bundespräsidenten zur Erlassung von Notverordnungen, soll nun ein „Präsidialkabinett" der Weltwirtschaftskrise Herr werden.

Dem Reichstag bleibt zwar das Recht zur Aufhebung der Notverordnungen, als dieser jedoch 1930 unter der Regierung Heinrich Brünings davon Gebrauch macht, löst Reichspräsident Hindenburg den letzten Reichstag mit einer demokratischen Mehrheit kurzerhand auf.

Bei der folgenden 5. Reichstagswahl am 14. September 1930 wird die NSDAP mit 18,3 Prozent der Stimmen zweitstärkste Partei hinter der SPD.

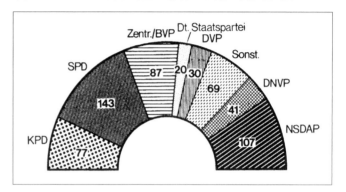

1932:
Nach dem Rücktritt des erfolglosen Brüning, auf dem Höhepunkt der Weltwirtschaftskrise und im „demokratischen Chaos" geht die NSDAP als die mit Abstand stärkste Partei aus den beiden Reichstagswahlen 1932 hervor. In den Jahren zuvor hatten weder Hindenburg noch die vorangegangenen Regierungen etwas gegen die offensichtlich verfassungsfeindliche Partei unternommen. Man gedachte, sie zu zähmen, duldete ihre Aktionen, schlug sogar eine Regierungskoalition vor und verhalf Hitler und seiner Gefolgschaft damit auch zur Salonfähigkeit. Weder dem im Juni ernannten Reichkanzler Franz von Papen noch seinem Nachfolger, dem im November ernannten Kurt von Schleicher, gelingt eine stabile Regierungsbildung. Inzwischen werden die Rufe nicht zuletzt aus Kreisen einflussreicher Bankiers und Industrieller – darunter Fritz Thyssen und der ehemalige Reichsbankdirektor Hjalmar Schacht – nach Adolf Hitler als neuem Reichskanzler immer lauter.

1933:
Nachdem er ihn noch im Jahr zuvor ablehnte, ernennt Hindenburg Adolf Hitler am 30. Januar 1933 zum Reichskanzler.

Nur wenige Wochen später nutzen die Nationalsozialisten die legale Machtübergabe und den bereits in den Jahren zuvor praktizierten Missbrauch der Notverordnungen zur Gleichschaltung und Unterdrückung aller politischen Gegner. Wie Propagandaminister Joseph Goebbels einst versprach: „Wir sind legal bis zur letzten Galgensprosse, aber gehenkt wird doch."

Reichstagswahlen 1919 bis 1933

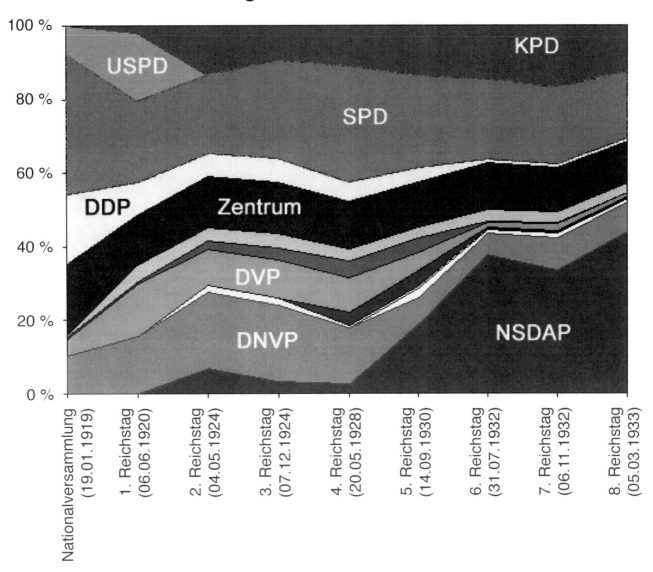

Wahlplakate der NSDAP

Betrachte die drei Wahlplakate oben. Was versprachen sie? Mit welchen zeichnerischen Mitteln versuchten sie den Wähler zu überzeugen?

Schwarzer Tag für die Demokratie:
Die „Machtergreifung" Hitlers am 30. Januar 1933

Am 30. Januar 1933 ernannte Reichspräsident Paul von Hindenburg Adolf Hitler zum Reichskanzler. Die Nationalsozialisten propagierten diesen, von ihnen lang ersehnten Tag, als „Tag

der Machtergreifung": Erstmals waren sie an einer Reichsregierung beteiligt. Innerhalb kürzester Zeit etablierte die NSDAP eine autoritäre Regierung. Die Nationalsozialisten feierten ihre Machtübernahme am Abend mit einem Fackelzug durch das Brandenburger Tor.

Nur einen Tag nach seinem Amtsantritt löste Hitler am 1. Februar den Reichstag auf. Neuwahlen wurden für den 5. März angesetzt. Der Reichstagsbrand vom 27. Februar 1933 war für die Nationalsozialisten ein willkommener Anlass, ihre Macht auszubauen und den demokratischen Rechtsstaat zu untergraben. Am 28. Februar 1933 wurden durch die „Verordnung des Reichspräsidenten zum Schutz von Volk und Staat" die wesentlichen demokratischen Grundrechte der Weimarer Verfassung außer Kraft gesetzt. Die Polizei wurde weitgehend der Kontrolle der Reichsregierung unterstellt.

Die sogenannte „Reichstagsbrandverordnung" gab der nun einsetzenden Welle der Verfolgungen politisch missliebiger Personen einen scheinlegalen Anstrich. Insbesondere Angehörige linker Gruppierungen wurden verhaftet oder in die Illegalität getrieben.

Am 10. Mai 1933 ließ Propagandaminister Joseph Goebbels vor der Berliner Staatsoper öffentlich Bücher von Schriftstellern und Philosophen verbrennen, die auf der sogenannten „schwarzen Liste" standen. Wenig später entmachtete sich der neu gewählte Reichstag mit seiner Zustimmung zum sogenannten Ermächtigungsgesetz selbst. Dieses erlaubte Hitler und der Reichsregierung für eine Dauer von vier Jahren Gesetze – auch

solche mit verfassungsänderndem Charakter – ohne Beteiligung des Reichstages oder Reichsrates zu erlassen. Ein weiterer Schritt auf dem Weg in einen nationalsozialistischen Führerstaat war getan.

Die Abgeordneten der KPD waren zu der Abstimmung schon nicht mehr zugelassen worden. Gegen die Stimmen der SPD stimmte die Mehrheit der bürgerlichen und rechten Parteien dem Ermächtigungsgesetz am 23. März 1933 zu. Damit hatte der Reichstag seine politische Bedeutung verloren.

Die SPD wurde kurze Zeit später, im Juni 1933, verboten. Die anderen Parteien lösten sich danach „freiwillig" auf. Somit war nur noch die NSDAP als Partei zugelassen und kandidierte allein bei den folgenden Wahlen.

Bereits im Februar 1933 waren der preußische Landtag und die Kommunalparlamente aufgelöst worden.

Die übrigen Länderparlamente wurden durch zwei „Gleichschaltungsgesetze" und ein Gesetz über den Neuaufbau des Reiches bis Januar 1934 beseitigt.

Joseph Goebbels am 30. Januar 1933:
„Es herrscht unbeschreiblicher Jubel. Hunderttausende und Hunderttausende ziehen im ewigen Gleichschritt an den Fenstern der Reichskanzlei vorbei. Das ist der Aufbruch der Nation! Deutschland ist erwacht! ... Die große Entscheidung ist gefallen. Deutschland steht vor seiner historischen Wende ... Wir gehen gleich wieder an die Arbeit. Der Reichstag wird aufgelöst ... Nun liegt die Etappe des Kampfes um die Macht hinter uns. Nun müssen wir weiterarbeiten, um die Macht zu behaupten ..."

Erich von Ludendorff (General a. D.):
„Sie, Herr Reichspräsident [Hindenburg], haben durch die Ernennung Hitlers zum Reichskanzler unser heiliges deutsches Vaterland einem der größten Demagogen aller Zeiten ausgeliefert. Ich prophezeie Ihnen feierlich, dass dieser unselige Mann unser Reich in unfassbares Elend bringen wird. Kommende Geschlechter werden Sie wegen dieser Handlung in Ihrem Grab verfluchen."

New York Times vom 31. Januar 1933:
„Es wäre sinnlos, wollte man versuchen, das tiefe Unbehagen zu verbergen, das die Nachricht aus Berlin bei allen Freunden Deutschlands hervorrufen muss. An die Spitze der deutschen Republik ist ein Mann gestellt worden, der sie öffentlich verhöhnt und geschworen hat, sie zu vernichten, sobald er die persönliche Diktatur errichtet hätte, die sich zum Ziel gesetzt zu haben er sich gerühmt hat."

Das Ermächtigungsgesetz

Am 23. März 1933 brachte Hitler im Reichstag das „Gesetz zur Behebung der Not von Volk und Staat" ein, das sogenannte „Ermächtigungsgesetz". Weil dies eine Verfassungsänderung bedeutete, benötigte Hitler eine Zweidrittelmehrheit im Reichstag. Alle 81 kommunistischen Reichstagsabgeordneten und 26 von 120 Abgeordneten der SPD waren zu diesem Zeitpunkt bereits verhaftet oder geflüchtet. Als die übrigen 538 Abgeordneten am 23. März zur entscheidenden Sitzung des Reichstages in der Berliner Kroll-Oper zusammenkamen, wurde ihnen sofort klar, dass Hitler seine Ziele gegebenenfalls auch mit blanker Gewalt durchsetzen würde. Dies veranlasste die bürgerlichen Parteien, dem Gesetz ihre Zustimmung zu geben, nachdem Hitler in seiner Regierungserklärung versprochen hatte, die Existenz des Reichstags, des Reichsrats und den Bestand der Länder nicht anzutasten. Nur die Abgeordneten der SPD stimmten geschlossen dagegen. Doch ihren 94 Nein-Stimmen standen 444 Ja-Stimmen gegenüber. Damit entmachtete sich der Reichstag selbst. Nach dem Reichstagsbrand war die Kroll-Oper provisorisch als Sitzungssaal des Reichstags hergerichtet worden. Überall vor der Oper, in den Gängen und im Sitzungssaal wimmelte es von SA-Leuten in ihren Braunhemden, den Hakenkreuzbinden und den langen, schwarzen Stiefeln. Sie waren von Hitler als „Ordnungsdienst" eingesetzt. Die Abgeordneten aller Parteien mussten in den Sitzungssaal durch ein Spalier von SA-Männern, die in Sprechchören das Ermächtigungsgesetz fordern. Im Sitzungssaal herrschte ein ähnliches Bild. Die 288 nationalsozialistischen Abgeordneten waren in Uniform erschienen und grüßten mit „Heil Hitler". Überall Hakenkreuzfahnen. Die Stimmung war gespannt. Von draußen hörte man das Knallen der Stiefel, das Strammstehen vieler NSDAP-Männer. Hitler kam. Auf dem Weg zum Rednerpult wurde er von den Abgeordneten seiner Partei gefeiert. „Heil Hitler" dröhnte es lautstark durch die Kroll-Oper. Dann Stille. Hitler begann seine Regierungserklärung zum Ermächtigungsgesetz.

Um die Regierung in die Lage zu versetzen, die Aufgaben zu erfüllen, die innerhalb dieses allgemein gekennzeichneten Rahmens liegen, hat sie im Reichstag durch die beiden Parteien der Nationalsozialisten und der Deutschnationalen das Ermächtigungsgesetz einbringen lassen. Ein Teil der beabsichtigten Maßnahmen erfordert die verfassungsändernde Mehrheit ... Es würde dem Sinn der nationalen Erhebung widersprechen, wollte die Regierung sich für ihre Maßnahmen von Fall zu Fall die Genehmigung des Reichstags erhandeln und erbitten. Die Regierung wird dabei nicht von der Absicht getrieben, den Reichstag als solchen aufzuheben; im Gegenteil, sie behält sich auch in Zukunft vor, ihn

von Zeit zu Zeit über ihre Maßnahmen zu unterrichten ... Weder die Existenz des Reichstags noch des Reichsrats soll durch dieses Gesetz bedroht sein. Die Stellung und die Rechte des Herrn Reichspräsidenten bleiben unberührt; die innere Übereinstimmung mit seinem Willen herbeizuführen, wird stets die oberste Aufgabe der Regierung sein ... Mögen Sie, meine Herren, nunmehr selbst die Entscheidung treffen über Frieden oder Krieg!

Der SPD-Abgeordnete Otto Wels (1873–1939) warnte vor der Annahme des Ermächtigungsgesetzes:

Nach den Verfolgungen, die die Sozialdemokratische Partei in der letzten Zeit erfahren hat, wird billigerweise niemand von ihr verlangen oder erwarten können, dass sie für das hier eingebrachte Ermächtigungsgesetz stimmt. Die Wahlen vom 5. März haben den Regierungsparteien die Mehrheit gebracht und damit die Möglichkeit gegeben, nach dem Sinn der Verfassung zu regieren. Wo diese Möglichkeit besteht, besteht auch die Pflicht. Kritik ist heilsam und notwendig. Noch niemals, seit es den Deutschen Reichstag gibt, ist die Kontrolle der öffentlichen Angelegenheiten durch die gewählten Vertreter des Volkes in solchem Maße ausgeschaltet worden, wie es jetzt geschieht, und wie es durch das neue Ermächtigungsgesetz noch mehr geschehen soll. Eine solche Allmacht der Regierung muss sich umso schwerer auswirken, als auch die Presse jeder Bewegungsfreiheit entbehrt ... Wir deutschen Sozialdemokraten bekennen uns in dieser geschichtlichen Stunde feierlich zu den Grundsätzen der Menschlichkeit und der Gerechtigkeit, der Freiheit und des Sozialismus. Kein Ermächtigungsgesetz gibt Ihnen die Macht, Ideen, die ewig unzerstörbar sind, zu vernichten ... Freiheit und Leben kann man uns nehmen, die Ehre nicht.

Diese mutige Rede von Otto Wels war die letzte freie Rede im deutschen Reichstag. Sie blieb allerdings erfolglos.

Wilhelm Hoegner, der spätere bayerische Ministerpräsident, erlebte als junger SPD-Abgeordneter den 23. März 1933 folgendermaßen:

Wilde Sprechchöre empfingen und begleiteten uns: „Wir wollen das Ermächtigungsgesetz, sonst gibt es Feuer!" Junge Burschen, Hakenkreuzabzeichen an der Brust, musterten uns frech, versperrten uns schier den Weg und riefen uns Schimpfworte wie „Zentrumsschwein" oder „Marxistensau" zu. Es war ein richtiges Spießrutenlaufen. In der Kroll-Oper wimmelte es von SA und SS. Unsere Plätze befanden sich, da kommunistische Abgeordnete nicht anwesend waren, auf der äußersten Linken. Als wir sie eingenommen hatten, stellten sich SA- und SS-Leute an den Eingängen und Wänden hinter uns im Halbkreis auf. Ihre Mienen ließen nichts Gutes erwarten ...

GPG Name: _____ Datum: _____

Wie gelang der NSDAP Aufstieg und „Machtergreifung"?

1. Was bedeutet die Abkürzung „NSDAP"? Wann wurde sie gegründet?

_____

2. Welche Gründe gab es für den raschen Aufstieg der NSDAP?

• Arbeitslosenzahl sehr hoch (sechs Millionen) → Hitler verspricht A_____ und B_____

• Ablehnung des V_____ Vertrages und der R_____zahlungen

• Unterstützung durch Alfred Hugenberg (DNVP) und seine Z_____

• Hitlers Bekanntheit steigt schnell → Unterstützung durch die Groß_____

• Handlungsunfähigkeit der Weimarer Regierung → N_____

4. Schnell baute Hitler seine Macht aus. Informiere dich.

• **Reichstagsbrand am 27. Februar 1933:**

_____

_____

• **Reichstagsbrandverordnung vom 28. Februar 1933:**

_____

_____

• **Zerschlagung der KPD am 8. März 1933:**
Annullierung der Mandate von 81 Reichstagsabgeordneten der KPD. Es folgten Verhaftungen und das Verbot der KPD.

• **Ermächtigungsgesetz vom 24. März 1933:**

_____

_____

_____

• **Beamtengesetz vom 7. April 1933:**
Beamte nichtarischer Abstammung sind zu entlassen oder in den Ruhestand zu versetzen.

• **Verbot und Zerschlagung der Gewerkschaften am 2. Mai 1933:**

_____

• **Verbrennung „volksfremder", „entarteter", „jüdischer" Bücher am 10. Mai 1933:**

_____

• **Verbot von Parteien durch das Parteiengesetz vom 14. Juli 1933:**

_____

• **Röhm-Putsch vom 30. Juni 1934:**
Hitler ließ die SA (Sturmabteilung) als innerparteiliche Konkurrenz zur SS (Schutzstaffel) beseitigen und deren Führer Ernst Röhm ermorden.

GPG	Lösung

Wie gelang der NSDAP Aufstieg und „Machtergreifung"?

1. Was bedeutet die Abkürzung „NSDAP"? Wann wurde sie gegründet?

Nationalsozialistische Deutsche Arbeiterpartei, gegründet 1920 in München

2. Welche Gründe gab es für den raschen Aufstieg der NSDAP?

• Arbeitslosenzahl sehr hoch (sechs Millionen) → Hitler verspricht A*rbeit* und B*rot*

• Ablehnung des V*ersailler* Vertrages und der R*eparations* zahlungen

• Unterstützung durch Alfred Hugenberg (DNVP) und seine Z*eitungen*

• Hitlers Bekanntheit steigt schnell → Unterstützung durch die Groß*industrie*

• Handlungsunfähigkeit der Weimarer Regierung → N*otverordnungen*

4. Schnell baute Hitler seine Macht aus. Informiere dich.

• Reichstagsbrand am 27. Februar 1933:

Brandstifter war der Anarchist Marius van der Lubbe. Die Schuld wurde der SPD und der KPD unterstellt.

• Reichstagsbrandverordnung vom 28. Februar 1933:

Mit dieser Verordnung wurden die wichtigsten Grundrechte außer Kraft gesetzt.

• Zerschlagung der KPD am 8. März 1933:

Annullierung der Mandate von 81 Reichstagsabgeordneten der KPD. Es folgten Verhaftungen und das Verbot der KPD.

• Ermächtigungsgesetz vom 24. März 1933:

Der Reichstag in der Kroll-Oper entmachtete sich selbst. Die NSDAP (= Hitler) durfte Gesetze ohne Zustimmung des Reichstages beschließen und konnten von der Verfassung abweichen. Die SPD stimmte trotz massiver Drohungen dagegen.

• Beamtengesetz vom 7. April 1933:

Beamte nichtarischer Abstammung sind zu entlassen oder in den Ruhestand zu versetzen.

• Verbot und Zerschlagung der Gewerkschaften am 2. Mai 1933:

Die DAF (Deutsche Arbeitsfront) war die einzig zugelassene Gewerkschaft.

• Verbrennung „volksfremder", „entarteter", „jüdischer" Bücher am 10. Mai 1933:

Bücher gehasster, „undeutscher" Autoren wurden in vielen Städten verbrannt.

• Verbot von Parteien durch das Parteiengesetz vom 14. Juli 1933:

In Deutschland gab es als einzige Partei nur noch die NSDAP.

• Röhm-Putsch vom 30. Juni 1934:

Hitler ließ die SA (Sturmabteilung) als innerparteiliche Konkurrenz zur SS (Schutzstaffel) beseitigen und deren Führer Ernst Röhm ermorden.

Thema	Wie wurde das Deutsche Reich ab 1933 „gleichgeschaltet"?

Lernziele

- Wissen um die Bedeutung des Begriffs „Gleichschaltung"
- Wissen, in welche Bereichen die „Gleichschaltung" durchgeführt wurde
- Beurteilung der Methoden, mit denen die „Gleichschaltung" durchgesetzt wurde
- Wissen um den Griff Hitlers nach der Jugend
- Wissen um die Organisation der NSDAP
- Beurteilung des Lebenslaufes des „gleichgeschalteten" Menschen

Arbeitsmaterial

- Bilder 1/2 für die Tafel
- Wortkarten (9); Folien 1/2; Textblätter 1/2/3
- Arbeitsblätter 1/2 mit Lösungen (Folien)
- DVD 4673957: Gleichschaltung unterm Hakenkreuz - Online GE45 (15 Min.; 2015)
- DVD 4640052: Gehorsam, Treue, Opfertod. Hitlerjungen im Dritten Reich (30 Min.; 2000)
- DVD 4655734: Der Nationalsozialismus I. Ideologie und Menschenbild 1933-1945 (20 Min.; 2006; f)

Tafelbild

Wie wurde das Deutsche Reich ab 1933 „gleichgeschaltet"?

„Gleichschaltung"

Parteien →
einzige Partei ist
die NSDAP

Verbände → NS-Verbände (SS, HJ, BDM u. a.)	Reichstag → Scheinparlament mit nur der NSDAP	Gewerkschaften → nur die Deutsche Arbeitsfront (DAF)
Medien → Kontrolle Propa- gandaministerium	Justiz → Volksgerichtshöfe Sondergerichte	Kultur → Kontrolle Reichs- kulturkammer

Lehrskizze

1./2. Unterrichtseinheit

I. Motivation/Einstieg

Stummer Impuls	Tafel Bilder 1/2	Jugend dient dem Führer/NSDAP-Parteitag
Aussprache mit Lehrerinfo	(S. 65)	
Überleitung		L: Schritt für Schritt übernahm Hitler die Macht.
Stummer Impuls	Tafel Wortkarte	„Gleichschaltung"
Aussprache		
Lehrerinfo		L: Diesen Begriff prägte der Reichsjustizminister Franz Gürtner (1881–1941) und umfasst den Prozess der Vereinheitlichung des gesamten gesellschaftlichen und politischen Lebens im Deutschen Reich.
Zielangabe	Tafel	**Wie wurde das Deutsche Reich ab 1933 „gleichgeschaltet"?**

II. Erarbeitung

	Folie 1 (S. 68)	Das Deutsche Reich wird „gleichgeschaltet". Grafik: Aufbau der NS-Diktatur
Schüler lesen/Lehrerinfo		
	Textblatt 1 (S. 69)	Das Deutsche Reich wird „gleichgeschaltet"
Schüler lesen		
Aussprache mit Lehrerinfo		
Zusammenfassung	Tafel Wortkarten (8)	
Impuls		L: Die „Gleichschaltung" zeigt sich auch an der Organisation der NSDAP.
	Folie 2 (S. 70 o.)	
Aussprache		
Film	DVD	Gleichschaltung unterm Hackenkreuz (15 Min.)

III. Wertung

Impuls		L: „Gleichschaltung"? Was meinst du dazu?
	Folie 2 (S. 70 u.)	• Hitler über die Konfessionen im Mai 1933 • Hitler über die Jugenderziehung • Hitler über die Bestimmung der deutschen Frau
Aussprache/Diskussion		

IV. Sicherung

	Arbeitsblatt 1 (S. 71)	
Kontrolle	Folie (S. 72)	

3./4. Unterrichtseinheit

I. Hinführung

Wiederholung	Tafel Wortkarten (8)	„Gleichschaltung"
Überleitung		L: Angst und Terror waren die Folge der „Gleichschaltung"

II. Erarbeitung

	Textblätter 2/3	Angst und Terror im Nationalsozialismus
Schüler lesen	(S. 71/72)	
Aussprache		
Impuls		L: Hitlers großes Ziel – der Griff nach der Jugend
Film	DVD	Gehorsam, Treue, Opfertod. Hitlerjungen im Dritten Reich (30 Min.)
oder		
Film	DVD	Nationalsozialismus I. Ideologie und Menschenbild (20 Min.)
Aussprache/Diskussion		
	Arbeitsblatt 2 (S. 73)	Hitlers Griff nach der Jugend
Kontrolle	Folie (S. 74)	

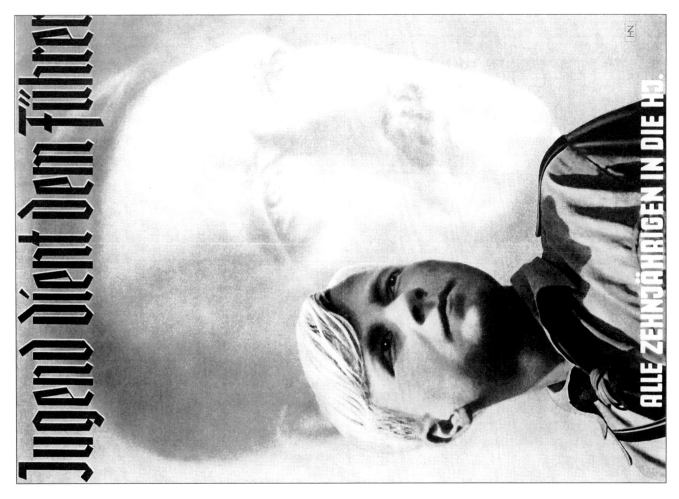

Das Deutsche Reich wird „gleichgeschaltet"
Die konsequente Ausschaltung demokratischer Einrichtungen

28. Februar 1933:
Die Verordnung zum Schutz von Volk und Staat schränkt die Grundrechte ein.

30. Januar 1933:
Hitler wird Reichskanzler.

23. März 1933:
Ermächtigungsgesetz

31. März 1933:
Erstes Gleichschaltungsgesetz: Alle Landtage und Kommunalparlamente werden aufgelöst.

7. April 1933:
Zweites Gleichschaltungsgesetz: Anstelle der Regierungschefs in den Ländern werden Reichsstatthalter eingesetzt.

Gesetz zur Wiederherstellung des Berufsbeamtentum. Wer nicht arischer Abstammung oder politisch unzuverlässig ist, wird als Beamter sofort entlassen.

2. Mai 1933:
Verbot der Gewerkschaften. An deren Stelle gibt es nur noch die Deutsche Arbeitsfront (DAF).

14. Juli 1933:
Gesetz gegen die Neubildung von Parteien. Einzige Partei ist nur die Nationalsozialistische Deutsche Arbeiterpartei (NSDAP).

1. Dezember 1933:
Gesetz zur Sicherung der Einheit von Partei und Staat. Parteifunktionen und Regierungsämter werden vereint.

30. Januar 1934:
Die Länderparlamente werden aufgehoben.

14. Februar 1934:
Der Reichsrat als Verfassungsorgan wird aufgehoben.

2. August 1934:
Gesetz über das Staatsoberhaupt des Deutschen Reiches. Das Amt des Reichspräsidenten wird mit dem des Reichskanzlers vereinigt.

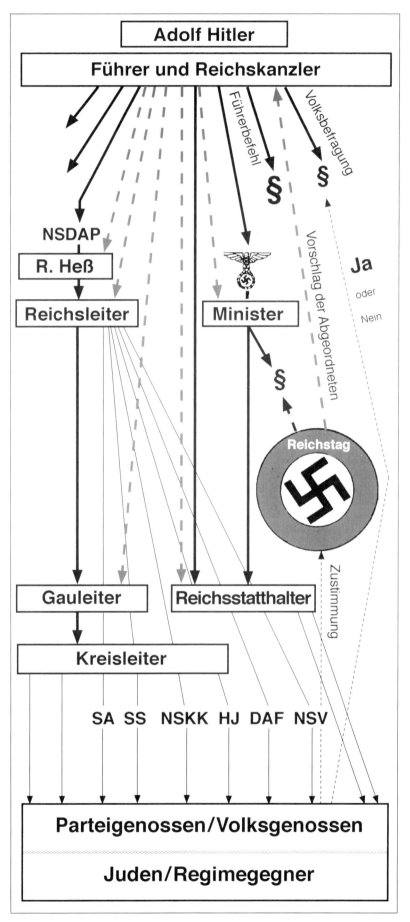

Das Deutsche Reich wird „gleichgeschaltet"

Der Begriff „Gleichschaltung" ist ein politisches Schlagwort zur Kennzeichnung der unmittelbar nach der nationalsozialistischen Machtergreifung 1933 umgesetzten Maßnahmen zur Durchdringung und Beherrschung aller Bereiche von Staat, Wirtschaft und Gesellschaft durch die NSDAP. Die scheinbar legale Grundlage, auf der die „Gleichschaltung" vollzogen wurde, war das Ermächtigungsgesetz vom 23./24. März 1933.

Einer der Eckpfeiler der „Gleichschaltung" im nationalsozialistischen Deutschland war die **„Gleichschaltung" der Länder**. Sie begann am Tag der Machtergreifung, dem 30. Januar 1933, mit der Übernahme des preußischen Innenministeriums durch Hermann Göring, setzte sich in den folgenden Tagen in einigen kleineren Ländern, in denen die NSDAP an die Regierung gelangte, fort und wurde schließlich am 31. März 1933 mit dem „Vorläufigen Gesetz zur Gleichschaltung der Länder" mit dem Reich, kurz „Gleichschaltungsgesetz", für alle Länder gesetzlich beschlossen. Das „Gleichschaltungsgesetz" ordnete die Auflösung aller Länderparlamente und ihre Neubildung entsprechend dem Ergebnis der Reichstagswahl vom 5. März 1933 an; die NSDAP übernahm damit in allen Länderparlamenten als stärkste Partei die Führung. Das „Zweite Gesetz zur Gleichschaltung der Länder" mit dem Reich vom 7. April 1933 band die nun NSDAP-geführten Länder noch enger an die Reichsregierung bzw. Adolf Hitler selbst an, und zwar durch das neu geschaffene Amt des Reichsstatthalters. Die Reichsstatthalter, in der Regel NSDAP-Gauleiter und von Hitler in den einzelnen Ländern eingesetzt, waren den Landesregierungen übergeordnet und für die Durchsetzung der von der Reichsregierung vorgegebenen Politik verantwortlich. Das Gesetz über den Neuaufbau des Reiches vom 30. Januar 1934 schloss den Prozess der „Gleichschaltung" der Länder ab: Es löste die Länderparlamente auf, übertrug die Hoheitsrechte der Länder an das Reich und unterstellte die Landesregierungen direkt der Reichsregierung. Das Reich war nun zu einem zentral regierten Einheitsstaat geworden.

Ebenso rasch wie die Ländergleichschaltung wurde auch die **„Gleichschaltung" der gesellschaftlichen Organisationen** vollzogen. Unmittelbar nach dem Reichstagsbrand am 27. Februar 1933 wurde die schon faktisch ausgeschaltete KPD verboten, am 22. Juni die SPD.

Die bürgerlichen Parteien wie etwa die DNVP lösten sich selbst auf. Durch das Gesetz gegen die Neubildung von Parteien vom 14. Juli 1933 und das Gesetz zur Sicherung der Einheit von Staat und Partei vom 1. Dezember 1933 wurde die NSDAP zur einzigen zugelassenen Partei und Deutschland zum Einparteienstaat. Die „Gleichschaltung" von Staat und Partei war damit formal verwirklicht.

Andere gesellschaftliche Organisationen wie etwa **Berufs- und Interessenverbände** wurden in die Struktur der NSDAP integriert und in „angeschlossene Verbände" der NSDAP umgewandelt. Zu den angeschlossenen Verbänden gehörten u. a. der NS-Juristenbund, der NS-Lehrerbund, der Reichsbund der deutschen Beamten sowie als größte Organisation die am 10. Mai 1933 gegründete Deutsche Arbeitsfront (DAF), in die die am 2. Mai 1933 zerschlagenen freien Gewerkschaften überführt worden waren. Das Gesetz zur Wiederherstellung des Berufsbeamtentums vom 7. April 1933 mit seinem sogenannten Arierparagrafen schuf die gesetzlichen Grundlagen zur Entfernung von sogenannten „nichtarischen", d. h. vor allem jüdischen Beamten; aber auch liberal und demokratisch gesinnte Beamte wurden aus Verwaltung, Schulen, Hochschulen etc. entlassen und durch Nationalsozialisten ersetzt. Ebenfalls kurz nach der Machtergreifung wurden alle **Jugendverbände** in die Hitler-Jugend integriert und dem am 17. Juni 1933 zum Jugendführer des Deutschen Reiches erhobenen Baldur von Schirach untergeordnet; am 1. Dezember 1936 wurde die Hitler-Jugend per Gesetz zur Staatsjugend erklärt.

Eine weitere grundlegende Maßnahme im Rahmen der „Gleichschaltung" war die **Errichtung des Ministeriums für Volksaufklärung und Propaganda** am 13. März 1933, das unter der Leitung von Propagandaminister Joseph Goebbels die Propaganda im In- und Ausland kontrollierte und bestimmte und Presse, Rundfunk sowie alle Bereiche der Kunst überwachte und lenkte.

Die Reichskulturkammer vereinigte als Zwangsmitglieder alle im weitesten Sinn publizistisch und künstlerisch Tätigen und bildete so ein wirkungsvolles Instrument zur „Gleichschaltung" des geistigen, kulturellen und künstlerischen Lebens. Die Kulturkammer unterstand direkt dem Propagandaministerium und gehörte der DAF an.

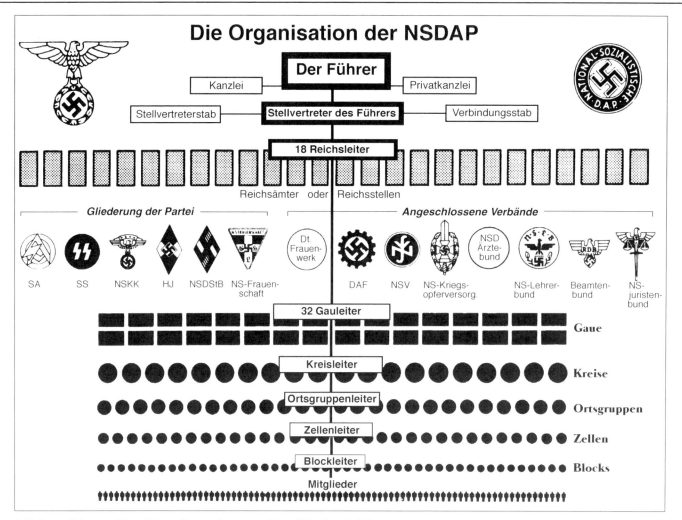

Die Organisation der NSDAP

Hitler über die Konfessionen im Mai 1933:

„Mit den Konfessionen, ob nun diese oder jene: das ist alles gleich. Das hat keine Zukunft mehr. Für die Deutschen jedenfalls nicht. Der Faschismus mag in Gottes Namen seinen Frieden mit der Kirche machen. Ich werde das auch tun. Warum nicht? Das wird mich nicht abhalten mit Stumpf und Stiel mit allen Wurzeln und Fasern das Christentum in Deutschland auszurotten. Eine deutsche Kirche, ein deutsches Christentum ist Krampf. Man ist entweder Christ oder Deutscher. Beides kann man nicht sein ...“

Hitler über die Jugenderziehung

„Meine Pädagogik ist hart. Das Schwache muss weggehämmert werden. In meinen Ordensburgen wird eine Jugend heranwachsen, vor der sich die Welt erschrecken wird. Eine gewalttätige, herrische, unerschrockene, grausame Jugend will ich. Jugend muss das alles sein. Schmerzen muss sie ertragen. Es darf nichts Schwaches und Zärtliches an ihr sein. Das freie, herrliche Raubtier muss erst wieder aus ihren Augen blitzen. Stark und schön will ich meine Jugend. Ich werde sie in allen Leibesübungen ausbilden lassen. Ich will eine athletische Jugend. Das ist das Erste und Wichtigste. So merze ich die Tausende von Jahren der menschlichen Domestikation aus. So habe ich das reine, edle Material der Natur vor mir. So kann ich das Neue schaffen. Ich will keine intellektuelle Erziehung. Mit Wissen verderbe ich mir die Jugend. Am liebsten ließe ich sie nur das lernen, was sie ihrem Spieltriebe folgend sich freiwillig aneignen. Aber Beherrschung müssen sie lernen. Sie sollen mir in den schwierigsten Proben die Todesfurcht besiegen lernen. Das ist die Stufe der heroischen Jugend.“

Hitler über die Bestimmung der deutschen Frau

„Wenn man sagt, die Welt des Mannes ist der Staat, die Welt des Mannes ist sein Ringen, die Einsatzbereitschaft für die Gemeinschaft, so könnte man vielleicht sagen, dass die Welt der Frau eine kleinere sei. Denn ihre Welt ist ihr Mann, ihre Familie, ihre Kinder und ihr Haus ... Was der Mann an Opfern bringt im Ringen seines Volkes, bringt die Frau an Opfern im Ringen um die Erhaltung dieses Volkes in den einzelnen Zellen. Was der Mann einsetzt an Heldenmut auf dem Schlachtfeld, setzt die Frau ein in ewig geduldiger Hingabe, in ewig geduldigem Leiden und Ertragen.“

| **GPG** | Name: _____ | Datum: _____ | |

Wie wurde das Deutsche Reich ab 1933 „gleichgeschaltet"?

1. Begriffsbestimmung „Gleichschaltung":

_____

_____

_____

2. Wodurch wurden die folgenden Einrichtungen ersetzt und kontrolliert?

• Parteien → _____

• Reichstag → _____

• Länderparlamente → _____

• Gewerkschaften → _____

• Verbände → _____

   Hitlerjugend (HJ), Bund deutscher Mädel (BDM), Schutzstaffel (SS), Sturmabteilung (SA), NS-Frauenschaft, NS-Beamtenbund, NS-Lehrerbund, Vokswohlfahrt (NSV), NS-Kraftfahrerkorps (NSKK) u. a.

• Kirchen → _____

• Medien → _____

• Kultur → _____

• Justiz → _____

3. Welche Folgen ergaben sich daraus für die Menschen im Deutschen Reich?

_____

_____

4. Beschreibe kurz mithilfe der Grafik den Weg des „gleichgeschalteten" Bürgers.

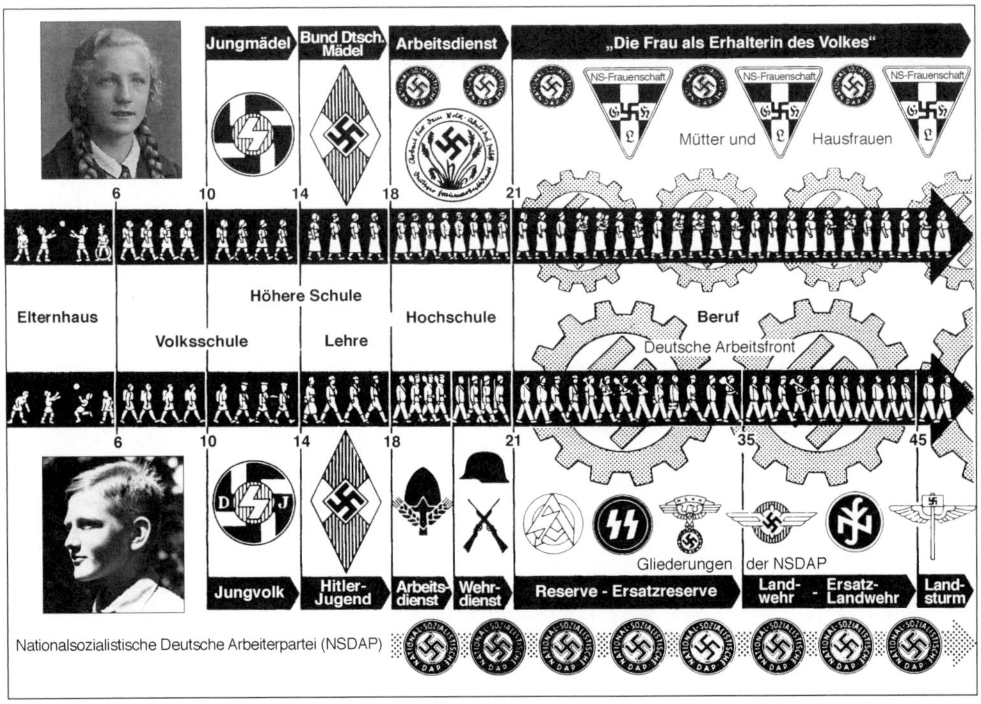

GPG	Lösung

Wie wurde das Deutsche Reich ab 1933 „gleichgeschaltet"?

1. Begriffsbestimmung „Gleichschaltung":

„Gleichschaltung" bedeutete die Ausschaltung aller demokratischen Einrichtungen, die Abschaffung des Rechtsstaates und seiner Verfassung.

2. Wodurch wurden die folgenden Einrichtungen ersetzt und kontrolliert?

• Parteien → *Die NSDAP war die einzige Partei.*

• Reichstag → *Scheinparlament, nur mit NSDAP- Abgeordneten besetzt*

• Länderparlamente → *straffe Parteiorganisation*

• Gewerkschaften → *Deutsche Arbeitsfront (DAF).*

• Verbände → *Nationalsozialistische Verbände*

   Hitlerjugend (HJ), Bund deutscher Mädel (BDM), Schutzstaffel (SS), Sturmabteilung (SA), NS-Frauenschaft, NS-Beamtenbund, NS-Lehrerbund, Vokswohlfahrt (NSV), NS-Kraftfahrerkorps (NSKK) u. a.

• Kirchen → *Eindämmung des Einflusses der Kirchen*

• Medien → *Kontrolle durch Reichspropagandaministerium*

• Kultur → *Kontrolle durch Reichskulturkammer*

• Justiz → *Volksgerichtshöfe und Sondergerichte*

3. Welche Folgen ergaben sich daraus für die Menschen im Deutschen Reich?

Das System der NSDAP erfasste alle Bürger und kannte keine Lücken. Wer nicht mitmachte, musste mit massiven Druckmitteln bis hin zum Tod rechnen.

4. Beschreibe kurz mithilfe der Grafik den Weg des „gleichgeschalteten" Bürgers.

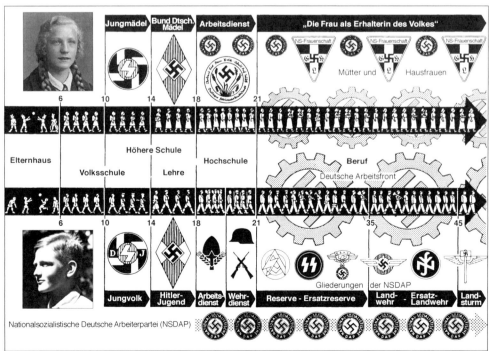

Fast alle Bürger des Reiches wurden von der Wiege bis zur Bahre zu uniformierten Untertanen.

Von Kindheit an wurden Männer zu Soldaten herangebildet, Frauen zu „Gebärmaschinen" degradiert.

Angst und Terror im Nationalsozialismus

Zur totalen Überwachung der Bevölkerung errichtete die NSDAP durch die Geheime Staatspolizei (Gestapo) und die Schutzstaffel (SS) ein ausgedehntes Spitzelsystem.
Die Aufgabe der SS:
„Wir schwören dir – Adolf Hitler – Treue und Tapferkeit. Wir geloben dir und den von dir bestimmten Vorgesetzten Gehorsam bis in den Tod. So wahr uns Gott helfe.“
Bis zum Ausbruch des Krieges 1939 waren Gestapo und Sicherheitsdienst (SD) hauptsächlich mit der Ausschaltung aller innenpolitischen Gegner beschäftigt. Das waren das Regime kritisierende Politiker, Schriftsteller, Juden, Priester, Intellektuelle und unzählige Privatleute. Auf die deutsche Bevölkerung wurde ein Heer von Gestapoleuten und Tausende von Horchern und Spitzeln des SD angesetzt, um jeden aufkommenden Widerstand im Keim zu ersticken. Bei den Verhören der Gestapo waren Prügel und Folterungen bis hin zum Todschlag an der Tagesordnung. Ein Anspruch auf einen Rechtsbeistand (Anwalt) war nicht möglich.
Die Gestapo glich mehr und mehr einem Schreckgespenst, durch das die Bevölkerung verunsichert und eingeschüchtert wurde. Ihre Leute kamen meistens nachts, tauchten plötzlich auf, drangen in eine Wohnung ein

und verschwanden dann rasch wieder mit dem „Schutzhäftling“, den sie abholen sollten. Wer sich am nächsten Tag bei den Nachbarn nach dem „Verschwundenen“ erkundigte, bekam zu hören: „Der ist verreist,“ oder „Ich weiß nicht. Lassen Sie mich in Ruhe.“
„Nach der Verhaftung meines Vaters wurde es für mich schwerer in der Schule. Auch die Nachbarn waren nicht mehr so freundlich wie früher, und ich spürte es jeden Tag mehr, wie sie mir aus dem Weg gingen. Meine Schulkameraden wollten mich auf dem Heimweg

nicht bei sich haben. Meine Leistungen in der Schule konnten noch so weit über denen der anderen stehen, doch für die Lehrer waren sie immer unzureichend. Sie schnitten mich und ich wurde, obwohl ich mich immer meldete, nicht mehr aufgerufen. Im Zeugnis stand dann, ich beteilige mich nicht am Unterricht. Die Lehrer hatten immer etwas an mir auszusetzen, denn es war nicht ratsam, einen Schüler zu loben, dessen Vater als Volksschädling hinter Gittern saß. Sie ließen es mich spüren, und stellten mir oft verfängliche Fragen.“
Die Angst vor der Gestapo, deren Chef Heinrich Himmler war, steckte wohl den meisten damals tief in den Knochen. Und es gab sicher nur wenige, denen nicht klar war, dass die politischen Leiter ihrer Ortsgruppe sie regelmäßig überwachten und über sie berichteten.

Wenn trotzdem immer wieder Volksgenossen und sogar Parteigenossen politisch „auffällig“ wurden und sich damit dem Terror der Gestapo auslieferten, ist das eigentlich unverständlich. Um dieses geradezu selbstmörderische Verhalten besser begreifen zu können, mag es hilfreich sein, sich die Art und Weise dieser „Volksverhetzungen“ an einem Beispiel bewusst zu machen. So verhaftete die Gestapo eine 51-jährige Frau, weil sie, als das Paket für ihren zu Zuchthaus verurteilten Sohn wieder zurückkam, gesagt hatte, nicht einmal Essen könne man dem armen Bub schicken. Ihr armer Bub müsse hungern. Die Hitler hätten genug zum Fressen. Diese liefen mit dem dicken Schädel herum, die hätten natürlich keinen Hunger ... Für diese Äußerung bekam die Frau außerdem wegen Wehrkraftzersetzung sechs Monate Gefängnis.
Ungeheuerlich, dass Menschen deswegen von der Gestapo verhaftet und ins KZ gebracht wurden. Was aber kaum noch begreiflich ist: Dass es Menschen gab, die solche hingeworfenen Äußerungen der Gestapo hinterbrachten. Wie war das bloß möglich?

Denunzianten aus Angst

Zum Teil lässt es sich wohl dadurch erklären, dass ähnlich wie die „Täter" auch die „Denunzianten" „unbeherrscht" reagierten. Wer sich persönlich angegriffen und gekränkt fühlen musste, wie beispielsweise der Angestellte des Bäckermeisters, versteckte sich als SA-Mann hinter seinem Überwachungsauftrag und meinte, nur seine „vaterländische Pflicht" zu tun, wenn er einen judenfreundlichen „Volksschädling" anzeigte. Ein anderes häufiges Motiv, jemand zu denunzieren, war die Angst. Vor allem die Angst, man könnte, wenn man den „Vorfall" nicht melden würde, für einen Gesinnungsgenossen des Täters gehalten werden.

Denunzianten aus Vorsatz

Doch nicht nur Nationalsozialisten, auch einfache Volksgenossen lernten sich des Terrors zu bedienen. Denunzieren wurde ein wirksames Mittel, um Leute, die einem im Wege standen, mit Hilfe und auf Kosten des Staates beiseite zu schaffen. Man musste ihnen nur etwas anhängen können. Und wer es geschickt anstellte, konnte jedem irgendeine „abfällige Bemerkung" entlocken. Es war eine Zeit, in der man seinem eigenen Bruder nicht mehr trauen durfte, nicht mehr dem Schulfreund, und, es mag unwahrscheinlich klingen, nicht mehr dem Ehepartner. Eheleute beschuldigten sich gegenseitig „staatsfeindlicher" Umtriebe, und verrieten den anderen an die Gestapo, nur weil sie auf diesem Wege den lästigen Ehepartner loswerden wollten. Selbst Kinder durften sich als staatssicherheitsdienstliche „Petzer" aufspielen. Sie kamen sich ungeheuer wichtig vor, wenn sie meinten, einen „Volksschädling" erwischt zu haben und anzeigen zu können:

Ein Mann reist nach H. und besucht dort einen verheirateten Freund. Die Freunde sitzen abends noch lange beisammen und plaudern. Zwischendurch fragt der Gast ängstlich, ob auch kein unbefugter Lauscher in der Wohnung sei, und erhält die Versicherung, die Hausangestellte sei fort, die Tür abgeschlossen und nichts zu befürchten. Die beiden sprechen sich also ungeniert aus. Am nächsten Morgen in aller Frühe wird der Gast im Hotel aus dem Bett geholt, von SS-Männern, wird bedroht und schließlich, unter schärfster Verwarnung „fürs nächste Mal", laufen gelassen. Er eilt zu seinem Freund, macht ihm Vorwürfe, sie seien doch belauscht worden. Der Freund schwört Stein und Bein, kein Fremder sei in der Wohnung gewesen. Sie fangen schon an sich zu streiten, als die 12-jährige Tochter des Hauses hereintritt mit der Eröffnung, sie habe die Unterhaltung mit angehört und es für ihre Pflicht gehalten, das Gehörte anzuzeigen.

In einem so gestörten Klima voll gegenseitigem Misstrauen war höchstes Gebot: Den Mund halten und sich durch nichts und niemand provozieren lassen. Das kostete manchmal eine fast übermenschliche Selbstbeherrschung. Erst recht während des Krieges, da durch Lebensbedrohung, Entbehrung, Trennung und Trauer die innere Anspannung und Gereiztheit der Menschen noch zusätzlich verstärkt wurde. Doch selbst wem es gelang, nicht aus der Rolle des „braven Volksgenossen" zu fallen, blieb nicht davor bewahrt, in Verdacht zu kommen. Es gab genug Überängstliche und Wichtigtuer, die lieber einmal mehr Anzeige erstatteten, ehe sie sich dem Vorwurf aussetzten, einen „Vorfall" nicht pflichtgemäß gemeldet zu haben. Wer überleben wollte, durfte selbst nicht ins Fadenkreuz der heimlichen Späher kommen.

Die NS-Führung hat es meisterhaft verstanden, diese totale Verunsicherung der Bevölkerung bis zum Schluss zur Stützung ihrer eigenen Macht auszunützen. So entstand mit der Zeit ein fast lückenloses Überwachungsnetz. Ein Mitglied der studentischen Widerstandsgruppe „Die weiße Rose" versuchte in einem Interview deutlich zu machen, was sich die Nachkriegsgeneration gar nicht vorstellen kann:

„Wenn sich junge Leute hinstellen und fragen ‚Warum habt ihr nicht ... ?', dann kann ich nur sagen: Die haben keine Ahnung! Alles war ja durchsetzt mit Spitzeln, die Gestapo war unerhört raffiniert, unerhört schnell. Im Gefängnis konnte ich mit vielen verschiedenen Gruppen sprechen: Überall war's dasselbe Bild. Der Krieg hatte das Überwachungssystem noch unheimlich verschärft. Da gab's dieses Netz von Abhängigkeiten, an jedem Bahnhof ein Polizist, an jeder Ecke Ausweiskontrollen. Da war kaum ein Durchkommen."

| **GPG** | Name: _____ | Datum: _____ |

Hitlers Griff nach der Jugend

1. Beurteile das Gesetz vom 1. Dezember 1936 über die Hitler-Jugend (HJ).

§ 1 Die gesamte deutsche Jugend innerhalb des Reichsgebiets ist in der HJ zusammengefasst.

§ 2 Die gesamte deutsche Jugend ist außer in Elternhaus und Schule in der HJ körperlich, geistig und sittlich im Geiste des Nationalsozialismus zum Dienst am Volk und zur Volksgemeinschaft zu erziehen.

2. Von Adolf Hitler stammt folgende Aussage. Was will er? Sprich darüber.

„Die deutschen Jungen der Zukunft sollen zäh wie Leder, hart wie Krupp-Stahl und flink wie Windhunde sein."

3. Ergänze folgende ideologische Schlagworte und Leitbilder.

• „Du bist n_____, dein Volk ist a_____!"

• „ Ein Volk, ein R_____, ein F_____!"

• „Führer befiehl, _____!"

4. Am Samstag fanden für die Jungen, die in der Hitlerjugend organisiert waren, Geländeübungen und am Sonntag Aufmärsche und Appelle statt. Gründe?

_____

_____

5. Möchtest du in so einer Art Organisation sein wie es die HJ war? Begründe. Was bietet sich heute an? Sprich darüber.

6. Alle Jugendlichen vom 10. bis zum 18. Lebensjahr waren verpflichtet, ihren „Dienst" in den Jugendorganisationen zu leisten.

Jungen:

_____

_____

Mädchen:

_____

_____

7. Beschreibe das Mädchen und den Jungen auf den Werbeplakaten.

_____

_____

_____

8. Welche Ziele verfolgte das Hitler-Regime mit den Mädchen? Betrachte das Werbeplakat oben links. Kreuze richtig an.

O Die Rolle der Frau als Hausfrau und Mutter

O Die Frau als emanzipierte Person

O Die Reinhaltung der arischen Rasse

O Die Vermischung der arischen Rasse

GPG	Lösung

Hitlers Griff nach der Jugend

1. Beurteile das Gesetz vom 1. Dezember 1936 über die Hitler-Jugend (HJ).

§ 1 Die gesamte deutsche Jugend innerhalb des Reichsgebiets ist in der HJ zusammengefasst.

§ 2 Die gesamte deutsche Jugend ist außer in Elternhaus und Schule in der HJ körperlich, geistig und sittlich im Geiste des Nationalsozialismus zum Dienst am Volk und zur Volksgemeinschaft zu erziehen.

2. Von Adolf Hitler stammt folgende Aussage. Was will er? Sprich darüber.

„Die deutschen Jungen der Zukunft sollen zäh wie Leder, hart wie Krupp-Stahl und flink wie Windhunde sein."

3. Ergänze folgende ideologische Schlagworte und Leitbilder.

- „Du bist n _ichts_ , dein Volk ist a _lles_ !"

- „ Ein Volk, ein R _eich_ , ein F _ührer_ !"

- „Führer befiehl, _wir folgen_ !"

4. Am Samstag fanden für die Jungen, die in der Hitlerjugend organisiert waren, Geländeübungen und am Sonntag Aufmärsche und Appelle statt. Gründe?

Körperliche Fitness, Gehorsam (Befehle befolgen), Vorbereitung auf den Krieg

5. Möchtest du in so einer Art Organisation sein wie es die HJ war? Begründe. Was bietet sich heute an? Sprich darüber.

6. Alle Jugendlichen vom 10. bis zum 18. Lebensjahr waren verpflichtet, ihren „Dienst" in den Jugendorganisationen zu leisten.

Jungen:

Deutsches Jungvolk DJ (10–14),

anschließend Hitlerjugend (HJ)

Mädchen:

Jungmädelbund (10–14),

dann Bund Deutscher Mädel (BDM)

7. Beschreibe das Mädchen und den Jungen auf den Werbeplakaten.

Beide entsprechen dem nordisch-germanischen Ideal, sind blond, blauäugig und athletisch. Der Blick ist nach vorne gerichtet in eine scheinbar vielversprechende nationalsozialistische Zukunft.

8. Welche Ziele verfolgte das Hitler-Regime mit den Mädchen? Betrachte das Werbeplakat oben links. Kreuze richtig an.

- ⊗ Die Rolle der Frau als Hausfrau und Mutter
- O Die Frau als emanzipierte Person
- ⊗ Die Reinhaltung der arischen Rasse
- O Die Vermischung der arischen Rasse

Thema
Judenverfolgung und Holocaust

Lernziele

- Wissen um die stufenweise Eskalation der Judenverfolgung
- Wissen um die Nürnberger Rassengesetze
- Wissen um das Novemberpogrom 1938 als Auftakt der Gewaltanwendung gegen Juden
- Bewusstwerden der Gräueltaten des NS-Regimes durch Augenzeugenberichte
- Erkenntnis, dass der Holocaust immer eine schwere Bürde für Deutschland bleiben wird
- Lesen und Verstehen einer Kurzgeschichte von Josef Reding

Arbeitsmaterial

- Bilder 1/2/3/4 für die Tafel
- Wortkarten (9); Folien 1/2/3/4; Textblätter 1/2/3/4/5/6; Arbeitsblätter 1/2 mit Lösungen (Folien)
- DVD 4602260: Judenverfolgung 1933 bis 1939 (50 Min.; 2003; f)
- DVD 4662818: Nacht und Nebel. Judenverfolgung - Konzentrationslager (31 Min.; 2010)
- DVD 4666993 Spielfilm: Schindlers Liste (187 Min; 1993; sw; FSK: 12)
- DVD Spielfilm: Der Pianist (150 Min.; 2002; f; FSK:12)

Tafelbild

Judenverfolgung und Holocaust

| ab 1921: Rassenlehre Hitlers Jude = Untermensch | → | ab 20. März 1933: 1. Konzentrationslager in Dachau | → | ab 1. April 1933: Boykott von jüdischen Geschäften | → |

| ab Sommer 1933: beginnende Zwangsenteignung | → | 15. September 1935: Nürnberger Rassengesetze | → | 9. November 1938: Reichspogromnacht | → |

| ab September 1941: Tragen des Judensterns | → | ab Oktober 1941: Massendeportationen | → | ab Januar 1942: Massenvernichtung Holocaust |

„Die sich des Vergangenen nicht erinnern, sind verurteilt, es noch einmal zu erleben."
(George Santayana, spanischer Philosoph)

Lehrskizze

1./2. Unterrichtseinheit

I. Motivation/Einstieg

Stummer Impuls	Tafel Bilder 1/2/3/4	Judenverfolgung
Stilles Betrachten	(S. 77/78)	
Aussprache mit Lehrerinfo		
Zielangabe	Tafel	**Judenverfolgung und Holocaust**

II. Erarbeitung

Begriffsklärung		Holocaust (eng.; altgriechisch) heißt „vollständig verbrannt"
	Textblatt 1 (S. 79)	Der Beginn der Judenverfolgung
Schüler lesen/Lehrerinfo		
Film	DVD	Judenverfolgung 1933 bis 1939 (50 Min.)
Aussprache		
Zusammenfassung	Tafel Wortkarten (6)	
	Folie 1 (S. 80)	Bilder zur Judenverfolgung
Schüler verbalisieren		

III. Wertung

	Folie 2 (S. 81 o.)	Nürnberger Gesetze von 15. September 1935
	Folie 3 (S. 81 u.)	Vorschriften und Verbote für Juden
Aussprache		

3./4. Unterrichtseinheit (ohne Spielfilme)

I. Motivation/Einstieg

Stummer Impuls	Tafel	Dachau - Auschwitz - Belzec
Aussprache		... Konzentrationslager ... Vernichtungslager ...
Zielangabe	Tafel	**Die „Endlösung" der Judenfrage**

II. Erabeitung

	Textblätter 2/3	Auschwitz – Symbol des Massenmordes
Schüler lesen/Lehrerinfo	(S. 82/83)	
Aussprache		
Zusammenfassung	Tafel Wortkarten (3)	
	Arbeitsblatt 1 (S. 84)	Judenverfolgung im NS-Staat von 1933 bis 1945
Schüler lesen/Lehrerinfo		
Film	DVD	Nacht und Nebel. Judenverfolgung. Konzentrationslager (31 Min.)
Aussprache		
	Textblatt 6 (S. 87)	Während des Films ... (Josef Reding)
	Folie 4 (S. 88)	Während des Films

III. Wertung

Impuls		L: Wir lesen einen Zeitzeugenbericht.
	Textblätter 4/5	Die „Endlösung der Judenfrage"
Schüler lesen/Lehrerinfo	(S. 85/86)	
Aussprache		
	Tafel	Ausspruch von George Santayana

IV. Sicherung

	Arbeitsblatt 2 (S. 89)	Judenverfolgung und Holocaust
Kontrolle	Folie (S. 90)	

V. Ausweitung

Spielfilm 1	DVD	Schindlers Liste (187 Min; FSK: 12)
oder		
Spielfilm 2	DVD	Der Pianist (150 Min.; FSK:12)

Der Beginn der Judenverfolgung im Nationalsozialismus

Als am 30. Januar 1933 Adolf Hitler zum Reichskanzler ernannt wird, ahnen nur wenige, dass binnen kurzer Zeit eine Diktatur im Deutschen Reich errichtet wird. Hitler handelt nach der „Machtergreifung" schnell und versucht noch den Schein der Legalität zu wahren. Im Februar werden nach dem Reichstagsbrand die Bürgerrechte ausgesetzt, im März wird der Reichstag durch das „Ermächtigungsgesetz" entmachtet. Danach weiten sich die Aktionen des NS-Regimes gegen die Juden im Deutschen Reich aus.

Judenboykott 1933

Am 1. April 1933 findet der erste große Judenboykott im gesamten Reichsgebiet statt. In sämtlichen deutschen Städten laufen Verbände der Sturmabteilung (SA) und der Schutzstaffel (SS) mit antisemitischen Parolen durch die Straßen. Die NSDAP-Einheiten positionieren sich vor jüdischen Geschäften, sowie Arzt- und Anwaltskanzleien. Juden werden eingeschüchtert und bedroht. SA-Truppen bringen Plakate an die Schaufenster an und fordern die deutsche Bevölkerung auf, die Geschäfte nicht zu betreten. Das Ziel: Die Deutschen sollen gegen ihre jüdischen Mitbürger aufgebracht werden. Doch der Plan scheitert: Die Bevölkerung verhält sich passiv zu den Aktionen des NS-Regimes – eine breite antisemitische Stimmung im deutschen Volk ist nicht vorhanden. Am 4. April wird deshalb der Boykott abgebrochen. Das vom NS-Regime erhoffte Pogrom kommt nicht zustande – vorerst.

Die Nürnberger Gesetze

Nach Boykott-Aktionen der NSDAP und SA gegen jüdische Geschäfte, Ärzte und Rechtsanwälte werden durch Gesetzesänderungen die Rechte der Juden im Deutschen Reich eingeschränkt. Am 7. April 1933 wird das „Gesetz zur Wiederherstellung des Berufsbeamtentums" erlassen. Durch den sogenannten „Arierparagrafen" des Gesetzes scheiden jüdische Staatsdiener sofort aus ihrem Beruf aus. Sie dürfen nicht mehr Beamte, Kassenärzte oder Mitglieder in Sportvereinen sein.

Am 15. September 1935 verabschiedet der Reichstag die sogenannten Nürnberger Gesetze. Durch das „Gesetz des deutschen Blutes und der deutschen Ehre" werden Ehen und außereheliche Beziehungen zwischen Juden und Ariern verboten. Das „Reichsbürgergesetz" definierte den deutschen Staatsbürger neu: Juden und Halb-Juden wird das Wahlrecht entzogen – sie erhalten eine vorläufige Staatsbürgerschaft.

Die Reichspogromnacht

In der Nacht vom 9. auf den 10. November 1938 verwüsten Nationalsozialisten etwa 7500 jüdische Geschäfte und Einrichtungen in Deutschland. In der Pogromnacht zünden sie mehr als ein Viertel der rund 1200 Synagogen und Gebetshäuser an, demolieren jüdische Friedhöfe und stürmen Wohnungen. Wie viele Menschen sterben, ist unklar. Das NS-Regime spricht von 91 toten Juden. Historiker gehen von mehr als 1300 Menschen aus, die in Folge des Pogroms ums Leben kamen. Mehr als 30000 Juden werden in Konzentrationslager verschleppt.

Propagandaminister Joseph Goebbels spricht von einer „spontanen Welle des Volkszorns". Tatsächlich sind aber vor allem organisierte Sturmtrupps der SA und SS für die Auswüchse verantwortlich. Die Bevölkerung  beteiligt sich nur vereinzelt, allerdings eilen auch nur wenige ihren jüdischen Nachbarn zu Hilfe. Als Anlass für die Ausschreitungen nehmen die Nationalsozialisten das tödliche Attentat auf den deutschen Diplomaten Ernst von Rath am 7. November 1938 in Paris. Täter war der 17-jährige Jude Herschel Grynszpan.

Die Nacht gilt als Auftakt zur systematischen Vernichtung der jüdischen Bevölkerung. Bis zum Kriegsende 1945 kostete der Holocaust etwa sechs Millionen Juden das Leben. Die von den Nationalsozialisten verwendete Bezeichnung „Reichskristallnacht", die auf die vielen Scherben auf den Straßen anspielte, wird heute als verharmlosend abgelehnt. Da die ersten Angriffe bereits am 7. November begannen und teils bis zum 13. November dauerten, sprechen Historiker inzwischen auch vom „Novemberpogrom". Der russische Begriff Pogrom bedeutet „Aufruhr" oder „Verwüstung".

Die Nürnberger Gesetze vom 15. September 1935

Gesetz zum Schutze des deutschen Blutes und der deutschen Ehre vom 15. September 1935

Durchdrungen von der Erkenntnis, dass die Reinheit des deutschen Blutes die Voraussetzung für den Fortbestand des deutschen Volkes ist, und beseelt von dem unbeugsamen Willen, die deutsche Nation für alle Zukunft zu sichern, hat der Reichstag einstimmig das folgende Gesetz beschlossen und wird hiermit verkündet.

§ 1: 1. Eheschließungen zwischen Juden und Staatsangehörigen deutschen oder artverwandten Blutes sind verboten. Trotzdem geschlossene Ehen sind nichtig, auch wenn sie zur Umgehung dieses Gesetzes im Auslande geschlossen sind.

2. Die Nichtigkeitsklage kann nur der Staatsanwalt erheben.

§ 2: Außerehelicher Verkehr zwischen Juden und Staatsangehörigen deutschen oder artverwandten Blutes ist verboten.

§ 3: Juden dürfen weibliche Staatsangehörige deutschen oder artverwandten Blutes unter 45 Jahren nicht in ihrem Haushalt beschäftigen.

§ 4: 1. Juden ist das Hissen der Reichs- und Nationalflagge und das Zeigen der Reichsfarben verboten.

2. Dagegen ist ihnen das Zeigen der jüdischen Farben gestattet. Die Ausübung dieser Befugnisse steht unter staatlichem Schutz.

§ 5: 1. Wer dem Verbot des § 1 zuwiderhandelt, wird mit Zuchthaus bestraft.

2. Der Mann, der dem Verbot des § 2 zuwiderhandelt, wird mit Gefängnis oder mit Zuchthaus bestraft.

3. Wer den Bestimmungen der § 3 oder § 4 zuwiderhandelt, wird mit Gefängnis bis zu einem Jahr und mit Geldstrafe oder mit einer dieser Strafen bestraft.

§ 6: Der Reichsminister des Innern erlässt im Einvernehmen mit dem Stellvertreter des Führers und dem Reichsminister der Justiz die zur Durchführung und Ergänzung des Gesetzes erforderlichen Rechts- und Verwaltungsvorschriften.

§ 7: Das Gesetz tritt am Tage nach der Verkündung, § 3 jedoch erst am 1. Januar 1936 in Kraft.

Vorschriften und Verbote für Juden

1938:
- Jüdische Rechtsanwälte und Ärzte dürfen ihren Beruf nicht mehr ausüben.
- Die Reisepässe der Juden werden mit „J" gezeichnet.
- Wohnbeschränkungen für Juden werden eingeführt.
- Kinder von Juden dürfen öffentliche Schulen nicht mehr besuchen.

1939:
- Alle Juden müssen den Vornamen „Sarah" oder „Israel" tragen.
- Der Mieterschutz für Juden wird aufgehoben.
- Juden müssen abends um 20 Uhr zu Hause sein.
- Juden müssen alle Radiogeräte abliefern.

1940:
- Juden erhalten grundsätzlich keine Kleiderkarten mehr.

1941:
- Alle Juden müssen sichtbar einen Judenstern tragen.
- Zum Verlassen der Wohnung und zur Benutzung öffentlicher Verkehrsmittel bedürfen die Juden nun einer besonderen Erlaubnis.

1942:
- Juden dürfen keine Haustiere mehr halten.
- Juden müssen alle entbehrlichen Kleidungsstücke abliefern.
- Der Schulunterricht für jüdische Kinder wird eingestellt.

Auschwitz – Symbol des Massenmordes

Dieser Ort sei allezeit ein Aufschrei der Verzweiflung und Mahnung an die Menschheit. Hier ermordeten die Nazis über anderthalb Millionen Männer, Frauen und Kinder. Die meisten waren Juden aus verschiedenen Ländern Europas.

Konzentrationslager – Ort der Vernichtung

Am 21. März 1933 gab Heinrich Himmler, damals noch Polizeipräsident von München, die Errichtung eines Konzentrationslagers in Dachau in Auftrag. Damit begann in Dachau ein Terrorsystem, das mit keinem anderen staatlichen Verfolgungs- und Strafsystem verglichen werden kann. Konzentrationslager – für die NS-Machthaber dienten sie von Anfang an einem simplen Zweck. Hier wurden seit Anfang 1933 alle Andersdenkenden und Gegner des Regimes konzentriert: Kommunisten und Sozialdemokraten, Zeugen Jehovas, oppositionelle Priester und Pastoren, politisch unliebsame Juden, Sinti, Roma und Homosexuelle. Seit 1941 dienten Konzentrationslager der Vernichtung von Millionen Menschen.

Der Wahnsinn des „deutschen Blutes"

Der ideologisch verbrämte Antisemitismus, abgeleitet aus den Rassentheorien des 19. Jahrhunderts, war ein grundlegendes Element nationalsozialistischer Weltanschauung. Beim reichsweit organisierten Boykott jüdischer Geschäfte entlud sich erstmals am 1. April 1933 der gesammelte Hass auf alles Jüdische. Die forcierte Auswanderung von Juden aus Deutschland war lange vorrangiges Ziel nationalsozialistischer Politik.

Reichskanzler Adolf Hitler ließ 1935 auf dem „Reichsparteitag der Freiheit" eine gesetzliche Regelung zum Verhältnis von „Ariern" und „Nichtariern" ausarbeiten. Am 15. September wurden das „Reichsbürgergesetz" und das „Gesetz zum Schutze des deutschen Blutes und der deutschen Ehre" verabschiedet. Beide „Nürnberger Gesetze" stempelten unter anderem jüdischen Mitbürger zu Menschen minderen Rechts. Ebenso wurden Sinti und Roma verfolgt.

Allein als Folge des Novemberpogroms, der sogenannten „Reichskristallnacht" vom 9. auf den 10. November 1938, wurden jüdische Geschäfte und Wohnungen zerstört und geplündert, 300 Synagogen in Brand gesteckt, über 1300 jüdische Bürger ermordet und mehr als 30 000 Juden in Konzentrationslager verschleppt.

Wenig später begannen die ersten Deportationen aus dem „Altreich" in den Osten, vor allem in die Gettos nach von Deutschen besetzten Polen. Lokale Initiativen von Machthabern in den besetzten Gebieten und selbst geschaffene Sachzwänge wie Versorgungsengpässe, Nahrungsmittelknappheit und drohende Epidemien lösten eine Radikalisierung von Entscheidungen und Prozessen aus, die zur Umsetzung des Völkermords an den Juden führten. Kaum eine Einrichtung des NS-Regimes blieb daran unbeteiligt.

Der Völkermord, die „Endlösung"

Bereits am 31. Juli 1941 war dem SS-Obergruppenführer Reinhard Heydrich, Chef des Reichssicherheitshauptamts und engster Mitarbeiter von Heinrich Himmler, dem SS-Reichsführer, die administrative Vorbereitung der „Endlösung der Judenfrage" übertragen worden. Reichsmarschall Hermann Görings Ermächtigungsgesetz für Heydrich lautete, „alle erforderlichen Vorbereitungen in organisatorischer, sachlicher und materieller Hinsicht zu treffen für eine Gesamtlösung der Judenfrage im deutschen Einflussgebiet in Europa".

Im Sommer 1941 beschloss die NS-Führung die Ermordung aller im deutschen Machtbereich lebender Juden. Hunderttausende Juden aus fast ganz Europa wurden nun in die Ghettos im Osten deportiert. Die systematische Deportation der deutschen Juden begann im Oktober 1941, die ersten von ihnen starben am 25. November 1941 bei Massenerschießungen im litauischen Kaunas.

Deutsche Einsatzkommandos, unterstützt von Waffen-SS, regulären Polizeieinheiten und Wehrmachtstruppen, töteten mehr als eine halbe Million Menschen, darunter auch Frauen und Kinder. Die Menschen wurden zusammengetrieben, mussten Kleider und Wertsachen abgeben und dann in kleinen Gruppen an den Rand einer Grube treten, wo sie erschossen wurden.

Am 18. Dezember 1941 beriet Hitler in seinem Hauptquartier „Wolfsschanze" in Ostpreußen mit Himmler über das Schicksal der Juden. Kurz notierte der Reichsführer-SS dazu in seinen Dienstkalender: „Judenfrage – als Partisanen auszurotten".

Die letzte Phase der NS-Judenpolitik war nunmehr ausschließlich auf die Ermordung der Juden ausgerichtet. Der Völkermord an den Juden, aber auch an Sinti und Roma, hatte bereits begonnen, als Heydrich am 20. Januar 1942 auf der „Wannsee-Konferenz" mit Staatssekretären und hohen Funktionären des NS-Staats die verwaltungsmäßige Umsetzung und technisch-organisatorische Details der „Endlösung der Judenfrage" besprach. Nun setzte das NS-Regime alle Mittel ein, um den Völkermord europaweit zu koordinieren und systematisch durchzuführen.

Zentrum der NS-Vernichtungspolitik war das 1940 errichtete Konzentrationslager Auschwitz.

Seit Anfang 1942 fuhren die Deportationszüge aus

fast ganz Europa in dieses größte Konzentrations- und Vernichtungslager. Es bestand aus dem Stammlager, dem drei Kilometer entfernten Lager Birkenau, in dem sich die Gaskammern und Verbrennungsöfen befanden, und 45 Zwangsarbeitslagern bei Fabriken in der Umgebung. In dem Gebiet wurden bis zu 155 000 Menschen zusammengepfercht.

Arbeitslager oder Vergasung – die Selektion auf der Rampe

Ende 1941 hatte in Auschwitz die Massenvernichtung begonnen. In Birkenau wurden seit Juni 1942 Deportierte aus ganz Europa an der Rampe „selektiert", also entweder sofort in die Gaskammern oder in die Zwangsarbeit geschickt. Umso

zynischer ist daher der Spruch am Eingangstor: „Arbeit macht frei". Wer nicht sofort vergast wurde, starb meist während der unmenschlichen Zwangsarbeit.

Kinder, Alte und andere als nicht arbeitsfähig geltende Häftlinge wurden in der Regel noch am Tag ihrer Ankunft in den als Duschräume getarnten Gaskammern von Birkenau ermordet. Ein Sonderkommando von Häftlingen musste die Leichen in den Krematorien oder auf freier Fläche verbrennen. In den kommenden Jahren steigerten sich die Transporte bis zu deren Höhepunkt im Jahre 1944 mit 600 000 Juden, von denen 500 000 direkt in den Gaskammern ermordet wurden.

Tod durch Arbeit, durch Kälte oder durch Erschießen – all diese Vernichtungsmethoden wurden den Vollstreckern zu mühsam. Deshalb kam es am 5. und 6. September 1941 zu einem makabren Test: Zum ersten Mal wandte die SS an jenem Tag das Blausäurepräparat „Zyklon B" an Menschen an; „erfolgreich", wie Lagerkommandant Rudolf Höß zufrieden feststellte. Nur 15 bis 20 Prozent eines jeden Transports wurden für Zwangsarbeiten am Leben gelassen. Wer am Leben blieb, musste Zwangsarbeit leisten. Das Unternehmen IG Farben errichtete in Auschwitz-Monowitz ein eigenes

Arbeitslager, auch andere Firmen wie Krupp siedelten sich rings um das Lager an.

Die Lebenserwartung der Arbeiter betrug im Schnitt drei Monate. Ruinöse Lebensbedingungen auf dem Lagergelände – wie die qualvolle Enge in den zumeist feuchten Baracken – sorgten dafür, dass unter den „zum Leben verurteilten" Häftlingen Krankheiten und Epidemien grassierten. Hinzu kamen der anhaltende Wassermangel und die dürftigen Essensrationen von 1300 Kalorien für „leicht" arbeitende und rund 1700 Kalorien für „schwer" arbeitende Häftlinge. Die Arbeitszeit betrug 11 bis 15 Stunden.

Versuchsobjekt Mensch

Tausende Menschen kamen in Auschwitz neben der systematischen Ermordung auch durch medizinische Versuche um, wofür besonders der leitende Lagerarzt des „Zigeunerlagers" Josef Mengele verantwortlich war. Nachdem Himmler im Sommer 1942 den weiteren Ausbau von Auschwitz befohlen hatte, wurde ab 1943 mit vier Gaskammern und angeschlossenen Krematorien der Massenmord an Juden, aber auch an Sinti und Roma nahezu „industriell" durchgeführt. Da die Kapazität der Krematorien nicht mehr ausreichte, wurden die Leichen der Ermordeten ab 1944 auch in offenen Gruben verbrannt.

Insgesamt wurden in Auschwitz von Anfang 1942 bis Ende 1944 schätzungsweise über eine Million Menschen umgebracht, darunter hauptsächlich Juden sowie viele tausend Sinti, Roma, Polen und Kriegsgefangene, grausam und fabrikmäßig vernichtet durch Arbeit, Hunger, Menschenversuche und vor allem durch das Giftgas Zyklon B.

Am 27. Januar 1945 wurde das Konzentrationslager Auschwitz durch die russische Armee befreit. Die Rote Armee fand in dem evakuierten Lager noch 7600 Überlebende und 650 Leichen vor. In

den Magazinen fanden die Befreier 843 000 Herrenanzüge, 837 000 Damenmäntel und -kleider, 44 000 Paar Schuhe, 14 000 Teppiche und 7,7 Tonnen menschliches Haar.

GPG	Name: _____	Datum: _____	

Judenverfolgung im NS-Staat von 1933 bis 1945

1933 bis 1935

Der „ friedliche Terror" – Wechsel von Politik und Terror

1. April 1933: Boykott-Tag

7. April 1933: Gesetz „Zur Wiederherstellung des Berufsbeamtentums"

Allmähliche Ausschaltung der Juden aus allen Gebieten des öffentlichen Lebens aufgrund von Verordnungen und Gesetzen

1935 bis 1938

Diffamierung der deutschen Juden und ihre Deklassierung durch Koordination aller staatlichen Maßnahmen

15. September 1935:

„Nürnberger Gesetze" ⇨ Juden ohne volle politische Rechte

14. November 1935:

Definition des „Juden" in der „Durchführungsverordnung" („Arierparagraph")

• Verbot von Mischehen im Gesetz zum Schutz des deutschen Blutes und der deutschen Ehre

• Entlassung aller Juden aus dem öffentlichen Dienst

• Einführung des „Arierparagraphen" in fast allen Berufen (Ahnenpass)

1937:

Beginn der Zwangsarisierung der Wirtschaft unter Drohungen und Erpressung

1938 bis 1941

Systematische Einschränkung des Lebensbereichs der Juden auf gesetzlicher Grundlage

• Die totale Ausschaltung der Juden aus dem deutschen Wirtschaftsleben

• Rapide Verminderung des jüdischen Bevölkerungsanteils durch Auswanderungsdruck

1938:

Schlag gegen die jüdischen Gemeinden

• Pflicht zur Anmeldung des Vermögens für Juden, wenn es 5000 Reichsmark überstieg

• Berufsverbot für jüdische Ärzte und Rechtsanwälte

• Zwang zum Vornamen „Sara" bzw. „Israel"

Juni/Oktober 1938:

Erste große Verhaftungswelle gegen „vorbestrafte" oder „arbeitsscheue" Juden, sogenannte „Polenaktion". Ausweisung früher in Polen beheimateter Juden, auch wenn sie nach 1919 Deutsche geworden waren (ca. 17 000 Juden)

7. November 1938:

Attentat von Herschel Grünspan in Paris auf den deutschen Gesandtschaftsrat Ernst vom Rath ⇨ Anlass zur radikalen Ausschaltung der Juden

9./10. November 1938

Novemberpogrome:

1. Phase: Pogrom mit der Zerstörung von Synagogen, Häusern, Geschäften, was einen Schaden von mehreren 100 Millionen Reichsmark verursacht ⇨ Vernichtung jüdischen Eigentums

2. Phase: Parallel dazu eine Verhaftungswelle (über 26 000 Menschen kommen in KZs)

3. Phase: Ausschaltung aus der Wirtschaft

• Enteignungen; „Bußzahlungen" von einer Milliarde Reichsmark

• Zwangsdeponierung von Wertgegenständen

• Zwangsverkauf von Schmuck, Gold, Kunstgegenständen

• Einführung erhöhter Steuersätze für Juden

Alle jüdischen Organisationen werden verboten. Es folgt das Verbot für jüdische Kinder, nichtjüdische Schulen zu besuchen. Das öffentliche Leben des deutschen Judentums kommt völlig zum Erliegen.

1939:

Zwang zur Massenflucht

• Seit Kriegsbeginn: Zwangsarbeit in Rüstungsbetrieben

• Beschränkungen: Verbot von Radio, Ausgehverbot, Sperrzonen, „Judenhäuser"

1939/1940:

Erste Deportation von Juden nach Ostpolen (Heydrich); „Madagaskar-Plan" der SS (Zwangsansiedlung)

1941:

Verbot der jüdischen Auswanderung; „Judenstern"

1942 bis 1945

Holocaust – die sogenannte „Endlösung der Judenfrage"

31. Juli 1941:

Entschluss zum Massenmord (Göring an Heydrich)

20. Januar 1942:

„Wannseekonferenz" als Ausgangspunkt der Ausrottungspolitik ⇨ Logistik der Endlösung wird geplant; „Säuberung" von West nach Ost (erfasst rund 15 Millionen Menschen); Arbeitseinsatz und Massenvernichtung in Lagern im Osten (Mindestschätzung: insgesamt 6 Millionen Menschen)

Das Geschehen von 1933 bis 1941 spielte sich in aller Öffentlichkeit ab. Erst die sogenannte „Endlösung" ab 1942 geschah unter Geheimhaltung.

Die „Endlösung" der Judenfrage

Schon 1941 beschloss das Hilter-Regime, alle Juden in ihrem Machtbereich zu vernichten.

Man rechnete mit ca. elf Millionen jüdischen Männern, Frauen und Kindern, die ermordet werden sollten.

Anfangs führten sog. „Einsatzkommandos" der SS die Mordpläne aus. Diese Massaker waren der nationalsozialistischen Führung jedoch noch nicht wirkungsvoll und schnell genug. Am 20. Januar 1942 wurde in der „Wannsee-Konferenz" in Berlin die endgültige Vernichtung der Juden beschlossen und bis ins Detail geplant und durchorganisiert. Zynisch nannten die Verantwortlichen ihr Vorhaben die „Endlösung" der Judenfrage.

Die SS errichtete in Polen große Vernichtungslager, wo in eigens dafur entwickelten Gaskammern Massenmord in einem bisher nicht vorstellbaren Ausmaß möglich war. Die Opfer, vorwiegend Juden, aber auch Polen, Zigeuner, Kommunisten und Gegner des NS-Regimes wurden von überall her zusammengetrieben und unter dem Vorwand der Umsiedelung nach Polen geschafft.

Viele starben schon auf der tagelangen Reise in völlig überfullten Viehwaggons, ohne Nahrung, ohne Wasser, ohne Toiletten. Sofort nach der Ankunft im Lager teilten SS-Ärzte die Gefangenen in zwei Gruppen: Schwache, Kranke, Alte und kleine Kinder wurden sofort in die Gaskammern geschickt. Wer noch arbeitsfähig war, musste im Lager bis zur Erschöpfung arbeiten. Insgesamt fielen der „Endlösung" ca. sechs Millionen Juden zum Opfer.

Ein unbekannter SS-Offizier schreibt über die „Sonderbehandlung" der Juden:

Am anderen Tag fuhren wir nach Belcec. Ein kleiner Spezialbahnhof war zu diesem Zweck an einem Hügel geschaffen worden. Dicht bei dem kleinen zweigleisigen Bahnhof war eine große Baracke, die sogenannte Garderobe, mit einem großen Wertsachenschalter. Dann folgte ein Zimmer mit etwa 100 Stühlen, der Friseurraum. Dann eine kleine Allee im Freien unter Birken, rechts und links von doppeltem Stacheldraht umsäumt, mit Inschriften: Zu den Inhalier- und Baderäumen. Vor uns eine Art Badehaus mit Geranien, dann ein Treppchen, und dann rechts und links je drei Räume 5 mal 5 Meter, 1,90 Meter hoch, mit Holztüren wie Garagen. An der Rückwand, in der Dunkelheit nicht recht sichtbar, große hölzerne Rampentüren. Auf dem Dach als „sinniger kleiner Scherz" der Davidstern. Vor dem Bauwerk eine Inschrift: Heckenholt-Stiftung. Am anderen Morgen um kurz vor sieben Uhr kündigt man mir an: In zehn Minuten kommt der Transport. Tatsächlich kam nach einigen Minuten

der erste Zug von Lemberg aus an. 45 Waggons mit 6700 Menschen, von denen 1450 schon tot waren bei ihrer Ankunft. Hinter den vergitterten Luken schauten, entsetzlich bleich und ängstlich, Kinder durch, die Augen voll Todesangst, ferner Männer und Frauen. Der Zug fährt ein: 200 Ukrainer reißen die Türen auf und peitschen die Leute mit ihren Lederpeitschen aus ihren Waggons heraus. Ein großer Lautsprecher gibt die weiteren Anweisungen: Sich ganz ausziehen, auch Prothesen, Brillen usw. Die Wertsachen am Schalter abgeben, ohne Bon oder Quittung. Die Schuhe sorgfältig zusammenbinden (wegen der Spinnstoffsammlung), denn in den Haufen von reichlich 25 Meter Höhe hätte sonst niemand die zugehörigen Schuhe wieder zusammenfinden können. Dann die Frauen und die Mädchen zum Friseur, der mit zwei, drei Scherenschlägen die ganzen Haare abschneidet und sie in Kartoffelsäcken verschwinden lässt. „Das ist für irgendwelche Spezialzwecke für die U-Boote bestimmt, für Dichtungen oder dergleichen", sagt mir der SS-Unterscharführer, der dort Dienst tut.

Dann setzt sich der Zug in Bewegung. Voran ein bildhübsches junges Mädchen, so gehen sie die Allee entlang, alle nackt, Männer, Frauen, Kinder, ohne Prothesen. Ich selbst stehe mit dem Hauptmann Wirth oben auf der Rampe zwischen den Kammern, Mütter mit ihren Säuglingen an der Brust, sie kommen herauf, zögern, treten ein in die Todeskammern. – An der Ecke steht ein starker SS-Mann, der mit beruhigender Stimme zu den Armen sagt: Es passiert euch nicht das geringste. Ihr müsst nur in den Kammern tief Atem holen, das weitet die Lungen, diese Inhalation ist notwendig wegen der Krankheiten und Seuchen. Auf die Frage, was mit ihnen geschehen würde, antwortete er: Ja, natürlich die Männer müssen arbeiten, Häuser und Chausseen bauen, aber die Frauen brauchen nicht zu arbeiten. Nur wenn sie wollen, können sie im Haushalt oder in der Küche mithelfen. – Für einige von diesen Armen ein kleiner Hoffnungsschimmer, der ausreicht, dass sie ohne Widerstand die paar Schritte zu den Kammern gehen – die Mehrzahl weiß Bescheid, der Geruch kündet ihnen ihr Los! So steigen sie die kleine Treppe herauf, und dann sehen sie alles. Mütter mit Kindern an der Brust, kleine nackte Kinder, Erwachsene, Männer und Frauen, alle nackt – sie zögern, aber sie treten in die Todeskammern, von den anderen hinter ihnen vorgetrieben oder von den Lederpeitschen der SS getrieben. Die Mehrzahl, ohne ein Wort zu sagen. Eine Jüdin von etwa 40 Jahren mit flammenden Augen ruft das Blut, das hier vergossen wird, über die Mörder. Sie erhält fünf oder sechs Schläge mit der Reitpeitsche ins Gesicht, vom Hauptmann Wirth persönlich, dann verschwindet auch sie in der Kammer. – Viele Menschen beten. Ich bete mit ihnen, ich drücke mich in eine Ecke und schreie laut zu meinem und ihrem Gott. Wie gern wäre ich mit ihnen in die Kammern gegangen, wie gern wäre ich ihren Tod mitgestorben. Sie hätten dann einen uniformierten SS-Offizier in ihren Kammern gefunden – die Sache wäre als Unglücksfall aufgefasst und behandelt worden und sang- und klanglos verschollen. Noch also darf ich nicht, ich muss noch zuvor künden, was ich hier erlebe.

Die Kammern füllen sich. Gut vollpacken – so hat es der Hauptmann Wirth befohlen. Die Menschen stehen einander auf den Füßen. Mehr als 100 auf 25 Quadratmetern, in 45 Kubikmetern! Die SS zwängt sie physisch zusammen, soweit es überhaupt geht. – Die Türen schließen sich. Währenddessen warten die anderen draußen im Freien, nackt. Mit Dieselauspuffgasen sollen die Menschen zu Tode gebracht werden.

Aber der Diesel funktioniert nicht. Der Hauptmann Wirt kommt. Man sieht, es ist ihm peinlich, dass das gerade heute passieren muss, wo ich hier bin. Jawohl, ich sehe alles. Und ich warte. Meine Stoppuhr hat alles brav registriert. 50 Minuten, 70 Minuten – der Diesel springt nicht an. Die Menschen warten in ihren Gaskammern. Vergeblich. Man hört sie weinen, schluchzen ... Der Hauptmann Wirth schlägt mit seiner Reitpeitsche dem Ukrainer, der dem Unterscharführer Heckenholt beim Diesel helfen soll, zwölf, dreizehnmal ins Gesicht. Endlich springt der Diesel an. Bis zu diesem Augenblick leben noch fast alle in diesen vier Kammern, vierhundert Menschen in viermal 45 Kubikmetern Sie schreien wie verrückt und weinen ohne Unterlass. Nach 25 Minuten sind viele tot. Man sieht das durch das kleine Fensterchen, in dem das elektrische Licht die Kammern einen Augenblick beleuchtet. Nach 28 Minuten leben nur noch wenige. Nach 32 Minuten ist alles tot.

Von der anderen Seite öffnen Männer vom Arbeitskommando die Holztüren. Man hat ihnen – selbst Juden – die Freiheit versprochen und einen sehr kleinen Anteil von allen gefundenen Werten für ihren schrecklichen Dienst. Wie Basaltsäulen stehen die Toten aneinander gepresst in den Kammern. Es wäre auch kein Platz, hinzufallen oder auch nur sich vornüber zu neigen. Selbst im Tode noch kennt man die Familien. Sie drücken sich, im Tod verkrampft, noch die Hände, so dass man Mühe hat, sie auseinanderzureißen, um die Kammer für die nächste „Ladung" freizumachen. Man wirft die Leichen, nass von Schweiß und Urin, kot-

beschmutzt, heraus. Kinderleichen fliegen durch die Luft. Man hat keine Zeit, die Reitpeitschen der Ukrainer sausen auf die Arbeitskommandos. Zwei Dutzend Zahnärzte öffnen mit Haken den Mund und sehen nach Gold. Gold links, ohne Gold rechts. Andere Zahnärzte brechen mit Zangen und hämmern die Goldzähne und Kronen aus den Kiefern. Die nackten Leichen werden auf Holztragen nur wenige Meter weit in Gruben von 100 mal 20 mal 12 Meter geschleppt.

Nach einigen Tagen gären die Leichen hoch und fallen alsdann kurze Zeit später stark zusammen, so dass man eine neue Schicht auf dieselben werfen kann. Dann wird zehn Zentimeter Sand darüber gestreut, so dass nur noch vereinzelte Köpfe und Arme herausragen.

Ich sah an einer solchen Stelle Juden in den Gräbern auf den Leichen herumklettern und arbeiten. Man sagte mir, dass versehentlich die tot Angekommenen eines Transportes nicht entkleidet worden seien. Dies müsse natürlich wegen der Spinnstoffe und Wertsachen, die sie sonst mit ins Grab nähmen, nachgeholt werden.

Weder in Belcec noch in Treblinka hat man sich irgendeine Mühe gegeben, die Getöteten zu registrieren oder zu zählen. Die Zahlen waren nur Schätzungen nach dem Waggoninhalt ...

Alle meine Angaben sind wörtlich wahr. Ich bin mir der außerordentlichen Tragweite dieser meiner Aufzeichnungen vor Gott und der gesamten Menschheit voll bewusst und nehme es auf meinen Eid, dass nichts von allem, was ich registriert habe, erdichtet oder erfunden ist, sondern sich genauso verhalten hat.

Vernichtungslager

Treblinka

Chełmno

Sobibor

Majdanek

Belzec

Auschwitz

Karte des heutigen Polen

Während des Films ...
Josef Reding

Während des Films, als die Haut- und Knochenbündel der ermordeten Häftlinge wie Tierkadaver über einer hölzernen Rutsche in den Graben torkelten,

... dachte der 18-jährige Portokassenverwalter: Greuelpropaganda! Man will uns verschaukeln. Uns fertigmachen. Schuldkomplexe wecken. Das haben die Wiedergutmachungshausierer vom Dienst fabriziert. Ausländer stellten den Film zusammen. Na also. Wahrscheinlich Juden. Die anderen sollen sich an ihre eigenen Nasen packen. Was machen die Franzosen mit den Algeriern? Die Amerikaner mit den Schwarzen? Und damals? Was haben die Russen mit unseren Frauen gemacht? Und die englischen Luftgangster mit unseren Ruhrgebietsstädten? Hoffentlich kommt gleich wieder was vom Vormarsch. Rommels Panzer in Afrika.

... dachte der 30-jährige Filmkritiker Dr. Basqué: Hart, aber sicherlich mit der Wirklichkeit übereinstimmend. Unästhetisch! Aber es ist eben ein Dokumentarfilm. Das Thema müsste mal dichterisch gemeistert werden. Man müsste eine überzeugende Story darum bauen. Vielleicht könnte ich meinen alten Stoff aus der Schreibtischschublade holen, das Treatment zu „Liebe vor düsterem Hintergrund". Die Journalistik befriedigt mich auf die Dauer nicht. Man sieht ja, wozu alles gerinnt: zum Foto, zum verregneten unkünstlerischen Film. Ich werde das in meiner Kritik vermerken, gesperrt!

... schloss die 52-jährige Lehrerin Bordeler die Augen. Ich hätte hier nicht hineingehen sollen, dachte sie. Wieder die konvulsivischen Krämpfe im Magen. Aber der Film wurde im Kollegium als zeitgeschichtlich informativ empfohlen. Damals in der Frauenschaft hat man uns von diesen Furchtbarkeiten nichts gesagt. Wir haben Schulkinder gespeist und unverheirateten Müttern geholfen, spürbar und ohne Moralin. Und der Kollege Jokodek? Von dem man bis heute noch nichts weiß? Er hatte Feindsender abgehört und die Meldungen verbreitet, und ich habe ihn angezeigt, wie es meine Pflicht war. Pflicht? Dummheit. Aber dafür habe ich gebüßt. Drei Jahre im Internierungslager. War auch kein Zuckerlecken. Ob Jokodek wohl zu Tode gekommen ist, wie – wie – die da – auf der Leinwand, auf dieser verfluchten, sachlichen Leinwand? Ich muss hinaus.

... aß der 45-jährige Prokurist Selbmann Erdnüsse, gesalzene Erdnüsse aus einer fröhlich bunten Frischhaltepackung. Er bemühte sich, ein Knistern der Tüte zu vermeiden. Niemand sollte gestört werden. Selbmann zerkaute die Nüsse sorgfältig.

... machte der Oberprimaner Teppenbruch mit der Sprechstundenhilfe Lindenfeldt Schwitzehändchen. Schwitzehändchen, so hieß der Ausdruck für Händchenhalten während der Vorstellung mit der Begleiterin. Der Oberprimaner hätte gern seinen Arm um die Schulter des Mädchens gelegt. Aber sein Taschengeld reichte nur für einen Parkettplatz in der Mitte des Kinos, und dort genierte er sich. Hoffentlich ist der Film bald zu Ende, dachte der Oberprimaner Teppenbruch. Ich muss aufpassen. Vielleicht fragt man beim Abi nach den Vorgängen von damals. Sollen die Alten doch selbst die Suppe auslöffeln, die sie sich eingebrockt haben. Wenn der Film vorüber ist, wird es draußen dunkel sein.

... dachte die Sprechstundenhilfe Lindenfeldt: Warum schleppt er mich in einen solchen Problemfilm? Aber wenn der Film vorüber ist, wird es draußen dunkel sein.

... verfiel die Eintrittkarte des Kriminalrats Mutt. Er hatte sie im Vorverkauf durch seine Tochter holen lassen, weil er fürchtete, vor dem Kino würde sich eine Schlange bilden. Doch dann entschloss sich Kriminalrat Mutt, auf den Besuch dieses Filmes zu verzichten. Man soll die Vergangenheit nicht unnötig aufwühlen, dachte er. Kriminalrat Mutt war früher Oberscharführer Mutt.

... übergab die Kassiererin Trimborn dem Kinobesitzer Mengenberger die Abrechnung. „Außergewöhnlich!", sagte Herr Mengenberger und lachte. „So gerammelt voll haben wir es lange nicht mehr gehabt, Trimbörnchen, was? Da müssen wir schon sehr weit zurückrechnen. Bis in die Kriegszeit hinein. ,U-Boote westwärts'. Oder noch weiter zurück. ,Sturmführer Westmar!' Jedenfalls irgend etwas mit West."

Aus: Josef Guggenmos: Nennt mich nicht Nigger.
© 1978 Georg Bitter Verlag, Recklinghausen

Während des Films ...
Josef Reding

Die Kurzgeschichte zeigt die unterschiedlichsten Reaktionen einiger Kinobesucher auf den Film „Nacht und Nebel", den Alain Resnais 1956 gedreht hat. Er dokumentiert den Massenmord an den Juden realistisch in aller Schonungslosigkeit. Nur die Lehrerin ist erschüttert, den anderen Besuchern sind alltägliche Belange wichtiger.

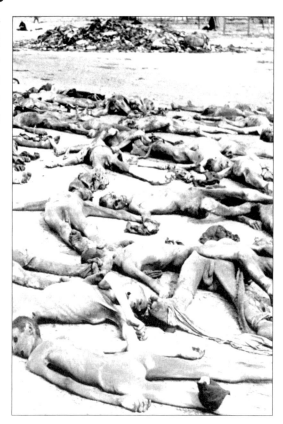

1. Schwierige Begriffe:

Propaganda	= (politische) Werbung; Verbreitung von Ideen, Zielen, Theorien
Rommel	= deutscher Generalfeldmarschall im 2. Weltkrieg; beging Selbstmord
unästhetisch	= unschön, nicht geschmackvoll
Treatment	= Vorstufe des Drehbuchs mit ausgearbeiteten Dialogen
konvulsivisch	= krampfhaft (zuckend)
Oberprima	= 13. Klasse des Gymnasiums
Moralin	= moralische Heuchelei

2. Charakter der einzelnen Personen im Hinblick auf ihre Reaktionen auf den Film:

- Der **18-jährige Verwalter der Portokasse** denkt nationalsozialistisch, ist militärisch „angehaucht". Der Film ist ihm „Greuelpropaganda".

- Der **30-jährige Filmkritiker Dr. Basqué** zeigt keine Betroffenheit und keine Schuldgefühle, er beurteilt den Film als unkünstlerisch.

- Die **52-jährige Lehrerin Bordeler** ist betroffen und hat Schuldgefühle, weil sie einen Kollegen denunziert hat. Sie verlässt das Kino.

- Der **45-jährige Prokurist Selbmann** denkt nur an sein leibliches Wohl. Der Film berührt ihn nicht.

- **Oberprimaner Teppenbruch** interessiert sich vorwiegend für seine Freundin Lindenfeldt, am Rande nur für den Film.

- **Sprechstundenhilfe Lindenfeldt** mag diesen Problemfilm nicht und wartet darauf, dass es draußen dunkel wird.

- **Kriminalrat, ehemals Oberscharführer Mutt** will die Vergangenheit ruhen lassen und geht trotz Eintrittskarte nicht in diesen Film.

- **Kinobesitzer Mengenberger** freut sich mit Kassiererin Trimborn über die gute Einnahme. Die Inhalte des Films sind ihm egal.

3. Aussage von Josef Reding:

Eine solche Schuld darf niemals vergessen oder verdrängt werden. Der Verfasser will uns warnen, dass so etwas nie mehr geschehen darf. Deshalb müssen wir – heute umso mehr – achtsam und kritisch sein gegenüber rechtsradikalen und demokratiefeindlichen Strömungen.

GPG	Name:	Datum:

Judenverfolgung und Holocaust

1. Die Bilder zeigen die stufenweise Eskalation der Judenverfolgung. Finde die Ereignisse.

Rassenlehre Hitlers
in „Mein Kampf" (1921)

Der Jude als Untermensch,
Nichtarier, Feind

18. Mai 1933

_____
_____

15. September 1935

_____

9. November 1938

_____
_____

ab 1941

_____

ab 1942 Massenvernichtung

2. Betrachte die Karte und schreibe die Vernichtungslager heraus.

_____

3. Was wurde am 20. Januar 1942 in Berlin in der Wannseekonferenz beschlossen?

_____
_____

4. Wie viele Juden fielen dem Holocaust des NS-Regimes insgesamt zum Opfer?

_____

5. Was geschah 1941 in Babyn Jar in der Nähe von Kiew? Informiere dich mithilfe des Internets. Erstelle ein Kurzreferat.

■ KZ-Stammlager
▼ Vernichtunslager
• Sonstige Straflager, KZ-Außenstellen und Zwangsarbeitslager

GPG	Lösung

Judenverfolgung und Holocaust

1. Die Bilder zeigen die stufenweise Eskalation der Judenverfolgung. Finde die Ereignisse.

Rassenlehre Hitlers
in „Mein Kampf" (1921)

Der Jude als Untermensch,
Nichtarier, Feind

18. Mai 1933
Bücherverbrennung
in Berlin

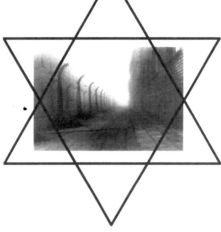

15. September 1935
Nürnberger
Rassengesetze

9. November 1938
Novemberpogrom
brennende Synagogen

ab 1942 Massenvernichtung

ab 1941
Ghettos, Deportation in
Konzentrationslager

2. Betrachte die Karte und schreibe die Vernichtungslager heraus.

■ KZ-Stammlager
▼ Vernichtunslager
• Sonstige Straflager, KZ-Außenstellen und Zwangsarbeitslager

Auschwitz, Belzec, Chelmno, Treblinka,
Lublin-Majdanek

3. Was wurde am 20. Januar 1942 in Berlin in der Wannseekonferenz beschlossen?

„Endlösung der Judenfrage" (in großem Stil
geplante Ermordung der Juden in Vernich-
tungslagern in Polen)

4. Wie viele Juden fielen dem Holocaust des NS-Regimes insgesamt zum Opfer?

Rund 6 Millionen Juden

5. Was geschah 1941 in Babyn Jar in der Nähe von Kiew? Informiere dich mithilfe des Internets. Erstelle ein Kurzreferat.

Thema	Vom Frieden reden, den Krieg planen – Hitlers Außenpolitik bis zum Beginn des 2. Weltkrieges

Lernziele

- Wissen, dass Hitlers Außenpolitik eine gezielte und geplante Eroberungspolitik war
- Wissen, dass Hitlers Außenpolitik irreführend und von vornherein auf Krieg angelegt war
- Erkenntnis, dass die deutsche Wirtschaft maßgeblich zur Aufrüstung beigetragen hat
- Wissen, dass diese Aufrüstung nur durch eine enorme Staatsverschuldung zu finanzieren war
- Erkenntnis, dass Hitlers Politik durch ein zögerliches Verhalten der Großmächte begünstigt wurde
- Fähigkeit, die Aussage von Karikaturen herausfinden können

Arbeitsmaterial

- Bilder 1/2/3/4/5/6 für die Tafel
- Wortkarten (12); Folie
- Textblätter 1/2
- Arbeitsblätter 1/2 mit Lösungen (Folien 1/2)
- DVD 4655801: Der Nationalsozialismus II. Staat und Politik 1933-1945 (20 Min.; 2006; f)
- Youtube: Hitlers Weg zum Krieg (11 Min.)

Tafelbild

Vom Frieden reden, den Krieg planen

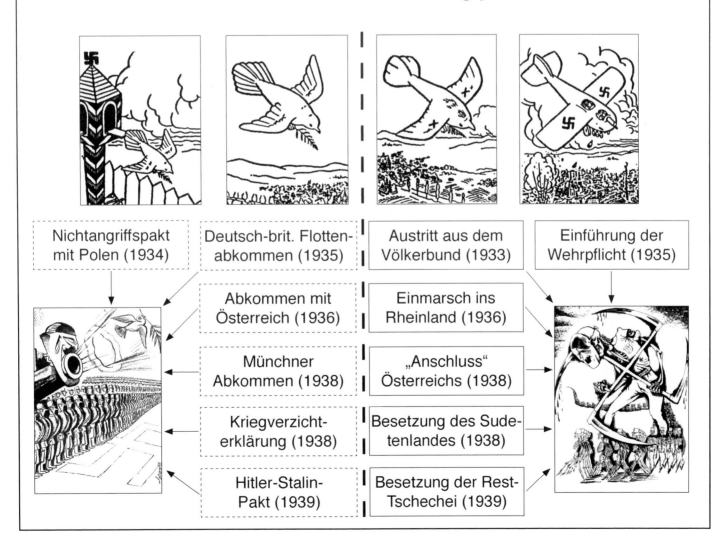

Lehrskizze

1./2. Unterrichtseinheit

I. Motivation/Einstieg

Stummer Impuls	Tafel Bilder 1/2/3/4 (S. 93/94)	Friedenstaube wird zum Bomber
Aussprache		
Impuls		L: Eine ähnliche Aussage treffen zwei andere Karikaturen.
Stummer Impuls	Tafel Bilder 5/6 (S. 95)	„The Nation". Karikatur Frühjahr 1933 „Grim Reaper" (Gevatter Tod). Karikatur April 1933
Aussprache mit Lehrerinfo		... Hitler betreibt ein Doppelspiel. Er spricht vom Frieden (Friedenstaube), bereitet aber schon den Krieg vor (Kanone und Soldaten) ...
Zielangabe	Tafel	**Vom Frieden reden, den Krieg planen**

II. Erarbeitung

	Textblatt 1 (S. 96)	Hitlers Reden zur Außenpolitik
Schüler lesen		
Lehrkraft klärt Begriff		Defätismus = Mutlosigkeit, Schwarzseherei
Aussprache		
	Textblatt 2 (S. 97)	Auszüge aus Hitlers Reden Aufrüstung und Vierjahresplan
Schüler lesen		
Aussprache		
Film	youtube	Hitlers Weg zum Krieg (11 Min.)
Aussprache		

III. Wertung

Impuls		L: Was sagt Hitler? Wie denkt Hitler? Was tut Hitler?
Aussprache		

IV. Sicherung

	Arbeitsblatt 1 (S. 99)	Vom Frieden reden, den Krieg planen
Kontrolle	Folie (S. 100)	

3./4. Unterrichtseinheit

I. Motivation/Einstieg

Stummer Impuls	Folie (S. 98)	Die NS-Außenpolitik von 1933 bis 1939
Schüler lesen		
Zielangabe	Tafel	**Hitlers Eroberungspolitik bis zum Beginn des 2. Weltkrieges**

II. Erarbeitung

Wortkarten ungeordnet	Tafel Wortkarten (12)	
Impuls		L: Wie könnte man ordnen?
Aussprache		
Ergebnis		... Friedensbeteuerungen ... Kriegsvorbereitungen ...
Schüler ordnen	Tafel	

III. Wertung

Impuls		L: Wie verhalten sich die Großmächte Großbritannien und Frankreich gegenüber Hitlers Eroberungsaktionen?
Aussprache		

IV. Sicherung

	Arbeitsblatt 2 (S. 101)	Hitlers Eroberungspolitik bis zum Beginn des 2. Weltkrieges
Kontrolle	Folie (S. 102)	
Film	DVD	Nationalsozialismus II. Staat und Politik (20 Min.)

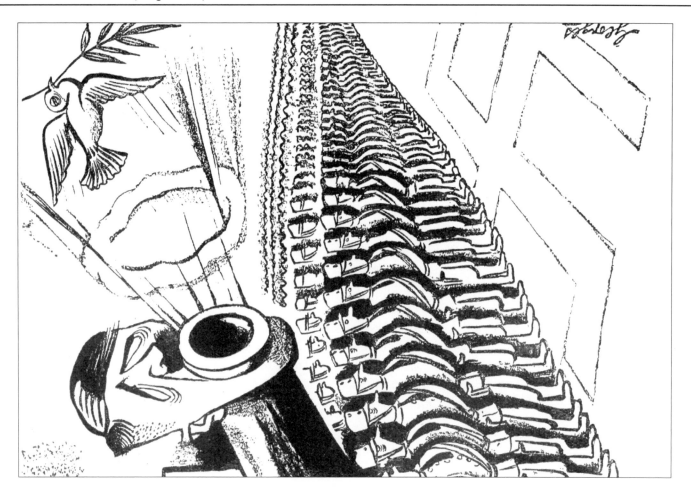

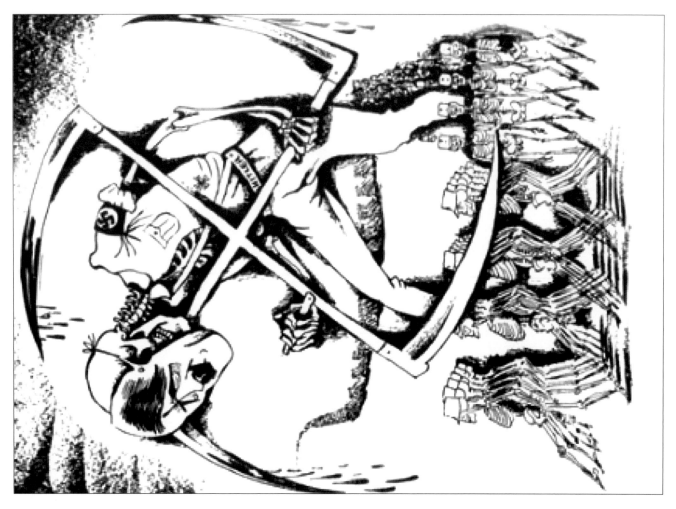

96

Hitlers Reden zur Außenpolitik

Hitlers erste außenpolitische Erklärung vor dem Reichstag am 17. Mai 1933

„Wenn ich in diesem Augenblicke bewusst als deutscher Nationalsozialist spreche, so möchte ich namens der nationalen Regierung und der gesamten nationalen Erhebung bekunden, dass gerade uns und dieses junge Deutschland das tiefste Verständnis beseelt für die gleichen Gefühle und Gesinnungen sowie für die begründeten Lebensansprüche der anderen Völker. Die Generation dieses jungen Deutschlands, die in ihrem bisherigen Leben nur die Not, das Elend und den Jammer des eigenen Volkes kennenlernte, hat zu sehr unter dem Wahnsinn gelitten, als dass sie beabsichtigen könnte, das gleiche anderen zuzufügen. Unser Nationalismus ist ein Prinzip, das uns als Weltanschauung grundsätzlich allgemein verpflichtet. Indem wir in grenzenloser Liebe und Treue an unserem eigenen Volkstum hängen, respektieren wir die nationalen Rechte auch der anderen Völker aus dieser selben Gesinnung heraus und möchten aus tiefinnerstem Herzen mit ihnen in Frieden und Freundschaft leben. [...] Wir haben aber keinen sehnlicheren Wunsch als den, beizutragen, dass die Wunden des Krieges und des Versailler Vertrages endgültig geheilt werden, und Deutschland will dabei keinen anderen Weg gehen als den, der durch die Verträge selbst als berechtigt anerkannt wird. Die deutsche Regierung wünscht, sich über alle schwierigen Fragen politischer und wirtschaftlicher Natur mit den anderen Nationen friedlich und vertraglich auseinanderzusetzen. Sie weiß, dass jeder militärische Akt in Europa auch im Falle seines vollständigen Gelingens, gemessen an seinen Opfern, in keinem Verhältnis steht zum möglichen endgültigen Gewinn."

Paul Meier-Benneckenstein (Hrsg.), Dokumente der deutschen Politik, 2. Aufl., Berlin 1937

Hitlers Rede vor der deutschen Presse am 10. November 1938

„Die Umstände haben mich gezwungen, jahrzehntelang fast nur vom Frieden zu reden. Nur unter der fortgesetzten Betonung des deutschen Friedenswillens und der Friedensabsichten war es mir möglich, dem deutschen Volk Stück für Stück die Freiheit zu erringen und ihm die Rüstung zu geben, die immer wieder für den nächsten Schritt als Voraussetzung notwendig war. Es ist selbstverständlich, dass eine solche jahrzehntelang betriebene Friedenspropaganda auch ihre bedenklichen Seiten hat; denn es kann nur zu leicht dahin führen, dass sich in den Gehirnen vieler Menschen die Auffassung festsetzt, dass das heutige Regime an sich identisch sei mit dem Entschluss und dem Willen, den Frieden unter allen Umständen zu bewahren. Das würde aber nicht nur zu einer falschen Beurteilung der Zielsetzung dieses Systems führen, dass die Deutsche Nation, statt den Ereignissen gegenüber gewappnet zu sein, mit einem Geist erfüllt wird, der auf die Dauer als Defätismus gerade die Erfolge des heutigen Regimes nehmen würde und nehmen müsste. Der Zwang war die Ursache, warum ich jahrelang nur vom Frieden redete. Es war nunmehr notwendig, das deutsche Volk psychologisch allmählich umzustellen und ihm langsam klarzumachen, dass es Dinge gibt, die, wenn sie nicht mit friedlichen Mitteln durchgesetzt werden können, mit Mitteln der Gewalt durchgesetzt werden müssen. Dazu war es aber notwendig, nicht etwa nun die Gewalt als solche zu propagieren, sondern es war notwendig, dem deutschen Volk bestimmte außenpolitische Vorgänge so zu beleuchten, dass die innere Stimme des Volkes selbst langsam nach der Gewalt zu schreien begann. Das heißt also, bestimmte Vorgänge so zu beleuchten, dass im Hirn der breiten Masse des Volkes ganz automatisch allmählich die Überzeugung ausgelöst wurde: wenn man das eben nicht im Guten abstellen kann, dann muss man es eben mit Gewalt abstellen; so kann es aber auf keinen Fall weitergehen. Diese Arbeit hat Monate erfordert, sie wurde planmäßig begonnen, planmäßig fortgeführt, verstärkt. Viele haben sie nicht begriffen, meine Herren; viele waren der Meinung, das sei doch alles etwas übertrieben. Das sind jene überzüchteten Intellektuellen, die keine Ahnung haben, wie man ein Volk letzten Endes zu der Bereitschaft bringt, geradezustehen, auch wenn es zu blitzen und zu donnern beginnt."

Wilhelm Treue (Hrsg.), Rede Hitlers vor der deutschen Presse am 10. November 1938, in: Vierteljahreshefte für Zeitgeschichte, Jg. 6, 1958, S. 175 ff.

Auszüge aus Hitlers Reden

Aus dem deutsch-polnischen Nichtangriffspakt vom 26. Januar 1934:

„Beide Regierungen gehen von der Tatsache aus, dass die Aufrechterhaltung und Sicherung eines dauernden Friedens zwischen ihren Ländern eine wesentliche Voraussetzung für den allgemeinen Frieden in Europa ist."

Aus der Reichstagsrede Hitlers vom 7. März 1936:

„Wir haben in Europa keine territorialen Forderungen zu stellen. Wir wissen vor allem, dass alle die Spannungen, die sich entweder aus falschen territorialen Bestimmungen oder aus den Missverhältnissen der Volkszahlen mit ihren Lebensräumen ergeben, in Europa durch Kriege nicht gelöst werden können."

Hitlers über Ziel und Durchführung seines Vierjahreplans, September 1936:

„Wenn es uns nicht gelingt, in kürzester Frist die deutsche Wehrmacht in der Ausbildung, in der Aufstellung der Formationen, in der Ausrüstung und vor allem auch in der geistigen Erziehung zur ersten Armee der Welt zu entwickeln, wird Deutschland verloren sein! ... Es haben sich daher dieser Aufgabe alle anderen Wünsche bedingungslos unterzuordnen ... Ich stelle damit folgende Aufgabe: 1. Die deutsche Wehrmacht muss in vier Jahren einsatzfähig sein. 2. Die deutsche Wirtschaft muss in vier Jahren kriegsfähig sein."

„Darüber muss man sich doch im klaren sein, dass die Wiedergewinnung der verlorenen Gebiete nicht durch feierliche Anrufung des lieben Herrgotts erfolgt oder durch fromme Hoffnung auf einen Völkerbund, sondern nur durch Waffengewalt."

„Heute werde ich von der nüchternen Erkenntnis geleitet, dass man verlorene Gebiete nicht durch die Zungenfertigkeit geschliffener parlamentarischer Mäuler zurückgewinnt, sondern durch ein geschliffenes Schwert zu erobern hat, also durch einen blutigen Kampf."

„Wenn wir aber heute in Europa von neuem Grund und Boden reden, können wir in erster Linie nur an Russland und die ihm untertanen Randstaaten denken."

Aufrüstung und Vierjahresplan

Hitlers eigentliches Ziel war aber die Aufrüstung. Die wirtschaftliche Produktion sollte auf die Bedürfnisse der „Wehrwirtschaft" umgestellt werden. Darauf war der auf dem Nürnberger Parteitag 1936 verkündete Vierjahresplan abgestellt. 1938 wurde bereits die Hälfte aller staatlichen Ausgaben für die Rüstung aufgewendet. In kürzester Zeit sollte eine neu aufgebaute Rüstungsindustrie die deutsche Armee mit modernsten Waffen (Panzern, Flugzeugen) versorgen. Unentbehrliche Helfer waren für Hitler dabei die Unternehmer, weshalb auch die Besitzverhältnisse in der Industrie nicht angetastet wurden. Gespart wurde dagegen an den Löhnen und Gehältern. Es kam auch zu Engpässen in der Versorgung der Bevölkerung. Mit dem Schlagwort „Kanonen statt Butter" wurde sie zum Konsumverzicht aufgefordert und von der NS-Propaganda mit der Behauptung betrogen, es drohe die Gefahr eines Überfalls durch den „sowjetischen Militarismus". Die Industrie sollte von ausländischen Rohstoffen unabhängig werden. Mit besonderem Nachdruck wurde die Gewinnung von einheimischen Rohstoffen gesteigert. Die Kohleförderung stieg von 109 Millionen Tonnen im Jahr 1933 auf 186 Millionen Tonnen und die Eisenerzgewinnung durch den Abbau auch minderwertiger Erze von 2,6 Millionen Tonnen auf 15 Millionen Tonnen. Fehlende inländische Rohstoffe wurden durch Kunststoffe ersetzt: Kautschuk durch Buna (synthetischer Gummi), Wolle und Baumwolle durch Zellwolle. Da die deutschen Erdölvorkommen nicht ausreichten, wurde die Gewinnung von Benzin aus Kohle gefördert. Die Ausgaben für die Rüstung waren so gewaltig, dass die Verschuldung des Reiches von 8,5 Milliarden im Jahre 1932 auf 47,3 Milliarden im Jahre 1939 stieg. Während der Kriegsjahre stand die Notenpresse nicht mehr still. Die Staatsverschuldung erreichte die astronomische Zahl von 387 Milliarden Reichsmark.

Chronik der NS-Außenpolitik von 1933 bis 1939

16. Oktober 1933:
Verlassen der Abrüstungskonferenz und des Völkerbundes
26. Januar 1934:
Nichtangriffspakt mit Polen
13. Januar 1935:
Abstimmung im Saarland (über 90 Prozent für eine Eingliederung ins Deutsche Reich)
16. März 1935:
Wiedereinführung der Wehrpflicht
18. Juni 1935:
Deutsch-britisches Flottenabkommen (Flottenstärke: 35 Prozent der britischen Flotte)
7. März 1936:
Kündigung des Locarnovertrages und Einmarsch ins Rheinland
1936 bis 1939:
Militärische Unterstützung für General Franco im Spanischen Bürgerkrieg
11. Juli 1936:
Abkommen mit Österreich
25. November 1936:
Antikominternpakt (Abkommen zwischen dem Deutschen Reich und Japan zur Bekämpfung des Kommunismus und Absicherung der beiderseitigen Politik gegenüber der Sowjetunion; Beitritte u.a. Italiens 1937, Mandschukuos, Ungarns und Spaniens 1939)
5. November 1937:
Hoßbach-Protokoll (Kriegsplanungen Hitlers)
13. März 1938:
„Anschluss" Österreichs
15. September 1938:
Chamberlain besucht Hitler in Berchtesgaden,
Hitler erklärt Gewaltverzicht, Chamberlain
erkennt die Abtretung des Sudetengebietes an.

18. September 1938:
Deutscher Aufmarsch an der tschechischen Grenze
23. September 1938:
Mobilmachung der tschechoslowakischen Armee
25. September 1938:
Frankreich beruft Reservisten ein. Englische Flotte in Kriegsbereitschaft
29. September 1938:
Unterzeichnung des „Münchner Abkommens" durch Chamberlain, Daladier, Mussolini und Hitler
30. September 1938:
Hitler und Chamberlain erklären, dass ihre Nationen nie mehr gegeneinander Krieg führen werden.
1. Oktober 1938:
Besetzung des Sudetenlandes; Angliederung an das Deutsche Reich
10. Oktober 1938:
Besetzung des Sudetenlandes abgeschlossen
15. März 1939:
Die Tschechoslowakei wird als Staat aufgelöst.
Besetzung der Rest-Tschechei
16. März 1939:
Errichtung des Reichsprotektorats „Böhmen-Mähren"
28. April 1939:
Kündigung des deutsch-englischen Flottenabkommens und des deutsch-polnischen Nichtangriffspaktes
23. August 1939:
Hitler-Stalin-Pakt (deutsch-sowjetischer Nichtangriffspakt)

Münchner Konferenz 1938

| **GPG** | Name: _____ | Datum: _____ | |

Vom Frieden reden, den Krieg planen

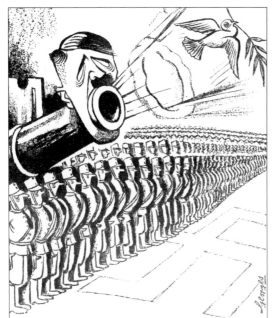

1. Worüber Hitler redet:

- Alle Deutschen sollen in einem „G_____-

  _____ R_____" leben. Dieses Ziel erreicht

  er schon 1939.

- Auflösung des V_____ Vertrages

  von 1919 und Wiedergewinnung deutscher Gebiete

  im O_____ (mehr Lebensraum)

- Senkung der A_____zahlen (über

  sechs Millionen im Jahr 1938), aber auf Kosten hoher

  Staatsverschuldung

„Das nationalsozialistische Deutschland will den Frieden aus tiefinnerster Überzeugung. Was könnte ich anderes wünschen als Ruhe und Frieden?" (Hitler im Mai 1935)

2. Was Hitler will:

- Einsatzbereitschaft der deutschen A_____

- Vorbereitung zum K_____ durch Aufrüstung (Wehrwirt-

  schaft) innerhalb von v_____ Jahren

- Umstellung auf K_____produktion ab Herbst 1936

„Wenn wir heute in Europa von neuem Grund und Boden reden, können wir in erster Linie nur an Russland und die ihm untergebenen Randstaaten denken ... Heute werde ich von der nüchternen Erkenntnis geleitet, dass man verlorene Gebiete nicht durch Zungenfertigkeit geschliffener Mäuler zurückgewinnt, sondern durch ein geschliffenes Schwert zu erobern hat, also durch blutigen Kampf." (Hitler im September 1936)

3. Was Hitler tut:

→ Oktober 1933: Austritt aus dem V_____bund von 1926

→ Januar 1934: Nichtangriffspakt mit P_____

→ 1934: Wiederaufrüstung in Deutschland

→ 1935: Rückkehr des S_____lands nach Volksabstimmung

→ März 1935: Einführung der allgemeinen W_____pflicht

→ Juni 1935: Flottenabkommen mit G_____

→ 1936: Kündigung der Verträge von L_____ von 1925

→ März 1936: Einmarsch in das besetzte Rh_____

→ Oktober 1936: Bündnisvertrag mit I_____

→ März 1938: Einmarsch in Ö_____

GPG | Lösung

Vom Frieden reden, den Krieg planen

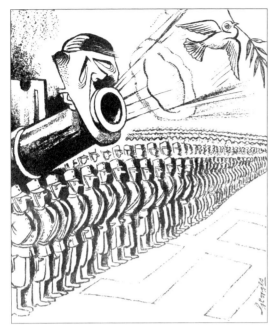

1. Worüber Hitler redet:

• Alle Deutschen sollen in einem „G _roßdeut-_ _schen_ R _eich_ " leben. Dieses Ziel erreicht er schon 1939.

• Auflösung des V _ersailler_ Vertrages von 1919 und Wiedergewinnung deutscher Gebiete im O _sten_ (mehr Lebensraum)

• Senkung der A _rbeitslosen_ zahlen (über sechs Millionen im Jahr 1938), aber auf Kosten hoher Staatsverschuldung

„Das nationalsozialistische Deutschland will den Frieden aus tiefinnerster Überzeugung. Was könnte ich anderes wünschen als Ruhe und Frieden?" (Hitler im Mai 1935)

2. Was Hitler will:

• Einsatzbereitschaft der deutschen A _rmee_

• Vorbereitung zum K _rieg_ durch Aufrüstung (Wehrwirtschaft) innerhalb von v _ier_ Jahren

• Umstellung auf K _riegs_ produktion ab Herbst 1936

„Wenn wir heute in Europa von neuem Grund und Boden reden, können wir in erster Linie nur an Russland und die ihm untergebenen Randstaaten denken ... Heute werde ich von der nüchternen Erkenntnis geleitet, dass man verlorene Gebiete nicht durch Zungenfertigkeit geschliffener Mäuler zurückgewinnt, sondern durch ein geschliffenes Schwert zu erobern hat, also durch blutigen Kampf." (Hitler im September 1936)

3. Was Hitler tut:

→ Oktober 1933: Austritt aus dem V _ölker_ bund von 1926

→ Januar 1934: Nichtangriffspakt mit P _olen_

→ 1934: Wiederaufrüstung in Deutschland

→ 1935: Rückkehr des S _aar_ lands nach Volksabstimmung

→ März 1935: Einführung der allgemeinen W _ehr_ pflicht

→ Juni 1935: Flottenabkommen mit G _roßbritannien_

→ 1936: Kündigung der Verträge von L _ocarno_ von 1925

→ März 1936: Einmarsch in das besetzte Rh _einland_

→ Oktober 1936: Bündnisvertrag mit I _talien_

→ März 1938: Einmarsch in Ö _sterreich_

GPG | Name: _____ | Datum: _____

Hitlers Eroberungspolitik bis zum Beginn des 2. Weltkrieges

1. Die Karte unten zeigt die einzelnen Schritte, die zum 2. Weltkrieg führten. Ergänze die fehlenden Begriffe.

① Besetzung des R_____ (7. März 1936)

② „Anschluss" Ö_____ (13. März 1938)

③ Einmarsch ins S_____ (1. Oktober 1938)

④ Besetzung der Rest-Tschechei → Protektorat „B_____-

M_____" (15. März 1939)

⑤ Einmarsch in das M_____ (23. März 1939)

⑥ Einmarsch in P_____ (1. September 1939) → Beginn

des Zweiten _____

2. Trage in die Karte unten hinter den Pfeilen die Zahlen ein, die die Gebiete bezeichnen, die Hitler gewaltsam an sich riss.

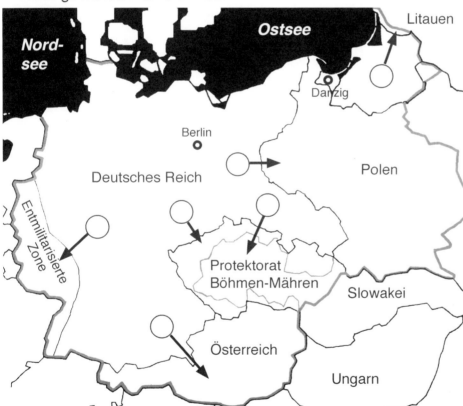

3. Welche Gründe hatte Hitler, den „Anschluss" Österreichs zu erzwingen?

_____
_____
_____
_____
_____
_____
_____
_____

4. Welche Ergebnisse brachte das Münchner Abkommen vom 29. September 1938? Was bedeutete Hitler gegenüber eine sogenannte „Appeasement-Politik"?

_____
_____
_____
_____

GPG | Lösung

Hitlers Eroberungspolitik bis zum Beginn des 2. Weltkrieges

1. Die Karte unten zeigt die einzelnen Schritte, die zum 2. Weltkrieg führten. Ergänze die fehlenden Begriffe.

① Besetzung des R _heinlands_ (7. März 1936)

② „Anschluss" Ö _sterreichs_ (13. März 1938)

③ Einmarsch ins S _udentenland_ (1. Oktober 1938)

④ Besetzung der Rest-Tschechei → Protektorat „B _öhmen_ - M _ähren_ " (15. März 1939)

⑤ Einmarsch in das M _emelgebiet_ (23. März 1939)

⑥ Einmarsch in P _olen_ (1. September 1939) → Beginn des Zweiten _Weltkrieges_

2. Trage in die Karte unten hinter den Pfeilen die Zahlen ein, die die Gebiete bezeichnen, die Hitler gewaltsam an sich riss.

3. Welche Gründe hatte Hitler, den „Anschluss" Österreichs zu erzwingen?

• Rohstoffe und neue Arbeitskräfte für die Aufrüstung

• Ausgangsbasis für die Beherrschung Südosteuropas

4. Welche Ergebnisse brachte das Münchner Abkommen vom 29. September 1938? Was bedeutete Hitler gegenüber eine sogenannte „Appeasement-Politik"?

Großbritannien, Frankreich und Italien stimmten der Abtretung des Sudetenlandes an das Deutsche Reich zu. Der Begriff „Appeasement" bezeichnet eine Politik des Nachgebens.

Thema	Vom „Blitzkrieg" zum Weltkrieg von 1939 bis 1945

Lernziele

- Wissen um die Gründe, die zum Zweiten Weltkrieg führten
- Wissen, dass dem Überfall auf Polen eine betrügerische Aktion durch Hitlers SS vorausging
- Wissen um die Bedeutung des Wortes „Blitzkrieg"
- Wissen um den Verlauf der Kampfhandlungen im Zweiten Weltkrieg
- Wissen um die Bündnissysteme während des Zweiten Weltkrieges
- Wissen um das Schicksak der 6. Armee in Stalingrad

Arbeitsmaterial

- Bilder 1/2/3/4/5/6 für die Tafel
- Wortkarten (14); Folien 1/2; Textblatt; Arbeitsblätter 1/2/3 mit Lösungen (Folien)
- DVD 4656632: Der Nationalsozialismus III. Holocaust und 2. Weltkrieg 1939-1945 (20 Min.; 2007; f)
- DVD: 4662279 Hitler, die Deutschen und der Krieg - Online GE45 (16 Min.; 2009; f)
- DVD: Spielfilm. Die Brücke. Kriegsdrama (105 Min.; 1959; sw)
- DVD: Spielfilm. Im Westen nichts Neues. Antikriegsfilm (150 Min.; 1979; f)

Tafelbild

Vom „Blitzkrieg" zum Weltkrieg von 1939 bis 1945

Kriegsbeginn Polen

Warschau

Dünkirchen

Stalingrad

Bombenkrieg

Kriegsende Berlin

Polenfeldzug **Westfeldzug**

Dänemark- und Norwegenfeldzug **Luftschlacht um England**

Nordafrikafeldzug **Balkanfeldzug** **Russlandfeldzug**

Krieg im Pazifik

Lehrskizze

1./2. Unterrichtseinheit

I. Motivation/Einstieg

Impuls		L: Was weißt du über die Eroberungspolitik Hitlers?
Aussprache		
Impuls		L: Eine Aktion Hitlers führte zur Katastrophe.
Aussprache		... Überfall auf Polen ...
Zielangabe	Tafel	**Vom „Blitzkrieg" zum Weltkrieg von 1939 bis 1945 – Der siegreiche Vormarsch**

II. Erarbeitung

Impuls		L: Sechs Bilder zeigen Szenen aus dem Zweiten Weltkrieg.
Stummer Impuls	Tafel Bilder 1 bis 6 (S. 105/106/109)	Zweiter Weltkrieg
Aussprache		
Aussprache	Tafel Wortkarten (6)	
Film	DVD (16 Min.)	Hitler, die Deutschen und der Krieg
Aussprache		

III. Sicherung

Zusammenfassung	Arbeitsblatt 1 (S. 107)	Vom „Blitzkrieg" zum Weltkrieg Der siegreiche Vormarsch von 1939 bis 1942
Kontrolle	Folie (S. 108)	
Impuls		L: Hitlers Feldzüge?
Aussprache		
	Tafel Wortkarten	Polenfeldzug – Westfeldzug – Dänemark- und Norwegenfeldzug – Luftschlacht um England – Nordafrikafeldzug – Balkanfeldzug – Russlandfeldzug
Kurzreferate		

3./4. Unterrichtseinheit

I. Hinführung

Impuls		L: Zwei Ereignisse gelten als Wendepunkt im Zweiten Weltkrieg.
Aussprache		... Stalingrad ... Pearl Harbor ...
Kurz L.info		
Zielangabe	Tafel	**Vom „Blitzkrieg" zum Weltkrieg von 1939 bis 1945 – Wende und Ende**

II. Erarbeitung

	Textblatt (S. 110)	Stalingrad – Kriegswende im Osten
Schüler lesen		
Aussprache		
	Arbeitsblatt 2 (S. 111)	Vom „Blitzkrieg" zum Weltkrieg Die Wende und der Zusammenbruch von 1942 bis 1945
Kontrolle	Folie (S. 112)	

III. Sicherung

	Arbeitsblatt 3 (S. 113)	Der Zweite Weltkrieg
Kontrolle	Folie (S. 114)	

IV. Ausweitung

Filme (zur Auswahl)	DVDs	Die Brücke/Der Soldat James Ryan/Im Westen nichts Neues/Der Nationalsozialismus III

Kriegsbeginn am 1. September 1939: Soldaten reißen einen polnischen Schlagbaum nieder.

Polnischer Junge in den Ruinen von Warschau im September 1939

Dünkirchen im Juni 1940: 370000 britische und französische Soldaten können nach England fliehen.

Stalingrad 1942: Die 6. Armee wird eingekesselt und muss kapitulieren – die Wende im Osten.

| **GPG** | Name: _____ | Datum: _____ | |

Vom „Blitzkrieg" zum Weltkrieg
Der siegreiche Vormarsch von 1939 bis 1942

1. Der Kriegsanlass

Hitler suchte einen Vorwand, um in Polen einmarschieren zu können. Welchen? Informiere dich.

2. Die „Blitzkriege"

① Am 1. September 1939 greift Hitler Polen an und erobert innerhalb von 18 Tagen West- und Mittelpolen. Warschau kapituliert.
Im September 1939 besetzt Stalin im Einvernehmen mit Hitler Ostpolen. Ab Oktober 1939 erzwingt Stalin im „finnisch-russischen Winterkrieg" den Zugang zur freien Ostsee.

② Im April 1940 überfällt Hitler Dänemark und Norwegen, gewinnt den Erzhafen Narvik und bedroht England.

③ Im Mai 1940 überfällt Hitler Holland und Belgien und besetzt zunächst halb Frankreich, das nach sechs Wochen kapituliert.

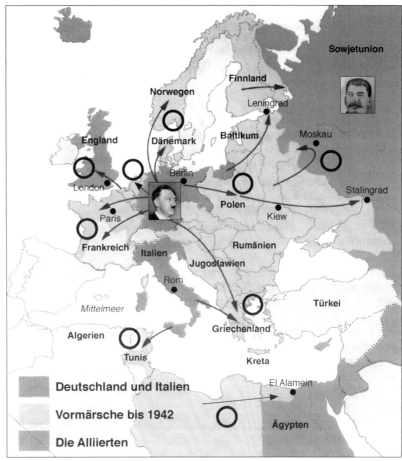

Flucht von 370 000 englischen und französischen Soldaten im Juni 1940 von Dünkirchen nach England.

④ Luftkrieg gegen England von Sommer 1940 bis Anfang 1941 mit Bombenangriffen
Italien greift im Juni 1940 als Deutschlands Verbündeter Frankreich ohne Erfolg an.
Im Juni 1940 geht die sowjetische Expansion nach Westen weiter. Stalin besetzt das Baltikum (Estland, Lettland und Litauen) und Teile von Rumänien.

3. Der Vormarsch der Wehrmacht 1941 und 1942

⑤ Hitler kommt ab März 1941 Italien in Nordafrika zu Hilfe. Der Angriff von Generalfeldmarschall Erwin Rommel auf Ägypten scheitert aber in zwei Panzerschlachten bei El Alamein. Alliierte Kräfte bedrohen im Juni 1941 die Türkei und verhindern ihren Kriegseintritt zugunsten Deutschlands.

⑥ Hitler erobert ab April 1941 Jugoslawien, Griechenland und Kreta. Ziel: Beherrschung des östlichen Mittelmeeres. Die übrigen Balkanstaaten werden Verbündete Deutschlands.

⑦ Hitler überfällt am 22. Juni 1941 die Sowjetunion (Unternehmen „Barbarossa") und stößt weit in das Landesinnere vor. Der russische Winter stoppt den Vormarsch.
Amerikanisch-englische Truppen landen im November 1942 in Algerien und verbünden sich mit französischen Truppen.

⑧ Deutsche Truppen besetzen am 9. November 1942 die französische Kolonie Tunis.
Deutsche Truppen besetzen ab 11. November 1942 Restfrankreich.

> **Hitler beherrscht bis Ende _____ fast ganz _____ .**

GPG	Lösung

Vom „Blitzkrieg" zum Weltkrieg
Der siegreiche Vormarsch von 1939 bis 1942

1. Der Kriegsanlass

Hitler suchte einen Vorwand, um in Polen einmarschieren zu können. Welchen? Informiere dich.

2. Die „Blitzkriege"

① Am 1. September 1939 greift Hitler Polen an und erobert innerhalb von 18 Tagen West- und Mittelpolen. Warschau kapituliert.
Im September 1939 besetzt Stalin im Einvernehmen mit Hitler Ostpolen. Ab Oktober 1939 erzwingt Stalin im „finnisch-russischen Winterkrieg" den Zugang zur freien Ostsee.

② Im April 1940 überfällt Hitler Dänemark und Norwegen, gewinnt den Erzhafen Narvik und bedroht England.

③ Im Mai 1940 überfällt Hitler Holland und Belgien und besetzt zunächst halb Frankreich, das nach sechs Wochen kapituliert.

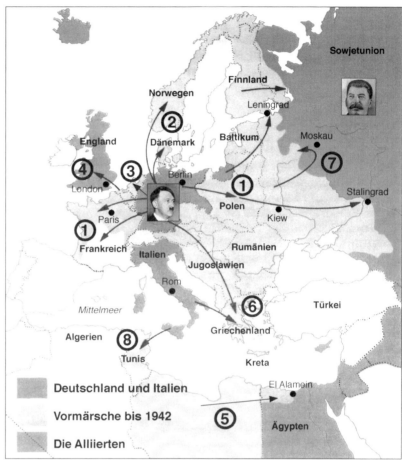

Flucht von 370 000 englischen und französischen Soldaten im Juni 1940 von Dünkirchen nach England.

④ Luftkrieg gegen England von Sommer 1940 bis Anfang 1941 mit Bombenangriffen Italien greift im Juni 1940 als Deutschlands Verbündeter Frankreich ohne Erfolg an.
Im Juni 1940 geht die sowjetische Expansion nach Westen weiter. Stalin besetzt das Baltikum (Estland, Lettland und Litauen) und Teile von Rumänien.

3. Der Vormarsch der Wehrmacht 1941 und 1942

⑤ Hitler kommt ab März 1941 Italien in Nordafrika zu Hilfe. Der Angriff von Generalfeldmarschall Erwin Rommel auf Ägypten scheitert aber in zwei Panzerschlachten bei El Alamein. Alliierte Kräfte bedrohen im Juni 1941 die Türkei und verhindern ihren Kriegseintritt zugunsten Deutschlands.

⑥ Hitler erobert ab April 1941 Jugoslawien, Griechenland und Kreta. Ziel: Beherrschung des östlichen Mittelmeeres. Die übrigen Balkanstaaten werden Verbündete Deutschlands.

⑦ Hitler überfällt am 22. Juni 1941 die Sowjetunion (Unternehmen „Barbarossa") und stößt weit in das Landesinnere vor. Der russische Winter stoppt den Vormarsch.
Amerikanisch-englische Truppen landen im November 1942 in Algerien und verbünden sich mit französischen Truppen.

⑧ Deutsche Truppen besetzen am 9. November 1942 die französische Kolonie Tunis.
Deutsche Truppen besetzen ab 11. November 1942 Restfrankreich.

> **Hitler beherrscht bis Ende** _1942_ **fast ganz** _Europa_ .

Immer stärker werdende Bombenangriffe der Alliierten auf das Deutsche Reich ab 1940 bis 1945

Russische Soldaten hissen Flagge auf dem Reichstagsgebäude in Berlin am 2. Mai 1945.

Stalingrad – Kriegswende im Osten

Kriegstagebuch des Wehrmachtführungsstabes

25. November 1942: Die eingeschlossene 6. Armee hat alle ihre Fronten gehalten, ihre Versorgungslage ist aber kritisch und es ist wegen des ungünstigen Winterwetters und der feindlichen Jagdüberlegenheit sehr zweifelhaft, ob die von der Armee als täglicher Nachschubbedarf angeforderten 700 Tonnen Verpflegung, Munition, Treibstoff usw. auf dem Luftwege in den Kessel geschafft werden können. Bei der Luftflotte IV befinden sich nur 298 Transportflugzeuge, gebraucht werden etwa 500. Der kommandierende General des bei Stalingrad eingesetzten VIII. Fliegerkorps, Generaloberst Freiherr von Richthofen, hat dem Führer daher vorgeschlagen, dass sich die 6. Armee zunächst nach Westen absetzen solle, um später wieder anzugreifen. Der Führer hat dies aber von vornherein abgelehnt.

10. Januar 1943: Der augenblickliche tägliche Verpflegungssatz für die 6. Armee besteht aus 75 g Brot, 200 g Pferdefleisch einschließlich Knochen, 12 g Fett, 11 g Zucker und 1 Zigarette. Bis zum 20. Januar werden sämtliche Pferde geschlachtet sein.

23. Januar 1943: Die gestern Abend von General Zeitzler gestellte Frage, ob der 6. Armee nunmehr die Genehmigung zur Kapitulation gegeben werden könne, ist vom Führer verneint worden. Die Armee soll bis zum letzten Mann weiterkämpfen, um Zeit zu gewinnen. Auf einen dementsprechenden Funkspruch des Führers an die 6. Armee hat Generaloberst Paulus geantwortet: Ihre Befehle werden ausgeführt, es lebe Deutschland!

2. Februar 1943: Morgens trifft der letzte Funkspruch der 6. Armee aus Stalingrad ein.

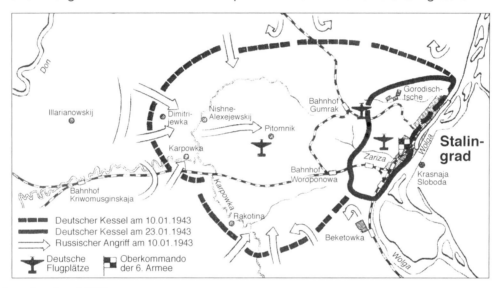

Weihnachten in der Hölle

Kälte, Hunger, Kugelhagel: Den Tod vor Augen harrten an Weihnachten 1942 Tausende deutsche und sowjetische Soldaten in den Ruinen Stalingrads aus. Dieter Peeters, Horst Zank und Günter Koschorrek waren dabei. 300 000 deutsche und verbündete Soldaten sitzen seit dem 19. November in der Falle. Eine Million Rotarmisten haben den Kessel um die Wolgametropole geschlossen, bringen seitdem Hitlers Eroberungskrieg zum Stillstand. Die Zeche für dessen Größenwahn zahlen die Soldaten der 6. Armee. Rund 1600 von ihnen sterben jeden Tag. Wer nicht in den Kämpfen fällt, krepiert durch Hunger, Kälte und Krankheit. Es waren junge Leute, die Hitler für seine Pläne verheizte. „Seit der Kesselschließung am 19. November wurde die Lage für uns Soldaten jeden Tag schlimmer. Es war kalt, es gab nichts zu Essen. Für ein kleines Stückchen Brot und im Vertrauen auf Rettung ließen wir uns immer wieder zum Einsatz bewegen", berichtet der damals 23-jährige Horst Zank. Die Versorgung mit Lebensmitteln, Winterkleidung und Munition war nur noch aus der Luft möglich. 550 Tonnen täglich brauchte die Armee. Fünf mal mehr als die Luftwaffe einfliegen konnte. Abgeworfene Verpflegungsbomben wurden oft von denen geplündert, die sie fanden. Für viele andere blieb nichts übrig. Die meisten hungerten selbst an den Feiertagen: „Wir haben weder zu Weihnachten noch zu Silvester irgendetwas an Sonderzuteilungen erhalten. Seit der Einkesselung bin ich noch keinen einzigen Tag richtig satt geworden", schrieb Flaksoldat Harry Wolter aus Bassum seinen Eltern. Es war das Letzte, was sie von ihm hörten. Dieter Peeters sah seine Freunde sterben: „Täglich verhungerten Soldaten. Sie fielen plötzlich tot um. Manche aßen sogar das Fleisch der Leichen." Er selbst kam dem Tod nur knapp davon. Bei einem Einsatz traf er mit seinen Kameraden auf russische Panzer. „Sie entdeckten uns, hielten direkt auf die vor mir liegende Gruppe zu. Die Panzer wälzten sich durch die offenen Deckungslöcher und zermalmten mit ihren Ketten die im Schnee liegenden Soldaten. Ich stellte mich tot, die Panzer entfernten sich."

GPG	Name: _____	Datum: _____

Vom „Blitzkrieg" zum Weltkrieg
Die Wende und der Zusammenbruch von 1942 bis 1945

4. Die Wende

① Der Untergang der deutschen 6. Armee in Stalingrad Anfang 1943 bedeutet die Wende des Krieges.

② Mit aller Macht treiben die russischen Soldaten die deutschen Truppen nach Westen zurück.

③ Sie überschreiten erstmals im Juli 1944 die Grenzen des „Großdeutschen Reiches".

④ Im Juli 1943 nach der Kapitulation der deutsch-italienischen Streitkräfte in Tunis landen die Alliierten in Sizilien, Sardinien und Korsika. Sie gewinnen damit die Herrschaft über das westliche Mittelmeer.

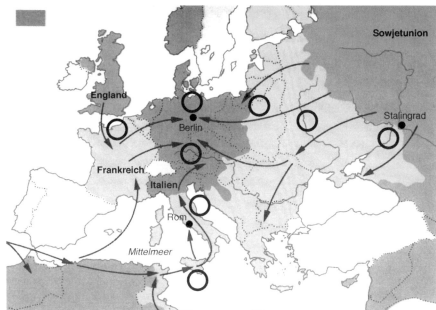

⑤ Der Vormarsch der Alliierten in Italien erfolgt ab September 1943. Gleichzeitig kapituliert die italienische Armee und Benito Mussolini wird gestürzt.

⑥ Ab Frühjahr 1944 schaffen die USA Truppen und Kriegsmaterial in großen Mengen nach England. Ziel ist die Vorbereitung der Landung in Frankreich.

Am 6. Juni 1944 („D-Day") landen die Alliierten in Nordfrankreich, erringen die absolute Lufhoheit und durchbrechen die deutschen Verteidigungsstellungen am Atlantik.

5. Der Zusammenbruch

⑦ Ab Juli 1944 dringen alliierte Streitkräfte von allen Seiten unaufhaltsam in das deutsche Reichsgebiet ein. Die Lufthoheit ist völlig an die amerikanischen und englischen Luftflotten übergegangen. Tag und Nacht bombardieren sie deutsche Städte und legen die Nachschublinien lahm. Auf den Straßen stauen sich endlose Flüchtlingskolonnen.

⑧ Im April 1945 schließen sowjetische Truppen Berlin ein. Hitler gibt den Krieg verloren und begeht am 30. April 1945 in Berlin Selbstmord zusammen mit seiner Frau Eva Braun.

Am 8. Mai 1945 unterzeichnet Generaloberst Jodl die bedingungslose Kapitulation Deutschlands.

GPG	Lösung

Vom „Blitzkrieg" zum Weltkrieg
Die Wende und der Zusammenbruch von 1942 bis 1945

4. Die Wende

① Der Untergang der deutschen 6. Armee in Stalingrad Anfang 1943 bedeutet die Wende des Krieges.

② Mit aller Macht treiben die russischen Soldaten die deutschen Truppen nach Westen zurück.

③ Sie überschreiten erstmals im Juli 1944 die Grenzen des „Großdeutschen Reiches".

④ Im Juli 1943 nach der Kapitulation der deutsch-italienischen Streitkräfte in Tunis landen die Alliierten in Sizilien, Sardinien und Korsika. Sie gewinnen damit die Herrschaft über das westliche Mittelmeer.

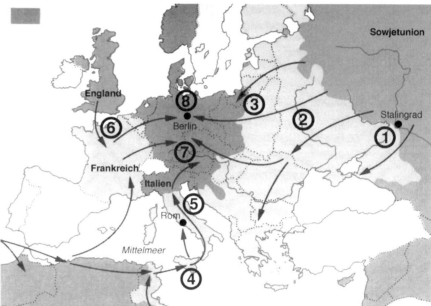

⑤ Der Vormarsch der Alliierten in Italien erfolgt ab September 1943. Gleichzeitig kapituliert die italienische Armee und Benito Mussolini wird gestürzt.

⑥ Ab Frühjahr 1944 schaffen die USA Truppen und Kriegsmaterial in großen Mengen nach England. Ziel ist die Vorbereitung der Landung in Frankreich.

Am 6. Juni 1944 („D-Day") landen die Alliierten in Nordfrankreich, erringen die absolute

Lufhoheit und durchbrechen die deutschen Verteidigungsstellungen am Atlantik.

5. Der Zusammenbruch

⑦ Ab Juli 1944 dringen alliierte Streitkräfte von allen Seiten unaufhaltsam in das deutsche Reichsgebiet ein. Die Lufthoheit ist völlig an die amerikanischen und englischen Luftflotten übergegangen. Tag und Nacht bombardieren sie deutsche Städte und legen die Nachschublinien lahm. Auf den Straßen stauen sich endlose Flüchtlingskolonnen.

⑧ Im April 1945 schließen sowjetische Truppen Berlin ein. Hitler gibt den Krieg verloren und begeht am 30. April 1945 in Berlin Selbstmord zusammen mit seiner Frau Eva Braun.

Am 8. Mai 1945 unterzeichnet Generaloberst Jodl die bedingungslose Kapitulation Deutschlands.

GPG	Name: _____	Datum: _____	

Der Zweite Weltkrieg

① **Deutscher Vormarsch (1939–1942)**

1. „Blitzkrieg" gegen P_____ (1. bis 28. September 1939)

2. Feldzug nach D_____ und N_____
   (9. April bis 9. Juni 1940)

3. „Westfeldzug" gegen F_____ und B_____-
   Staaten (10. Mai bis 22. Juni 1940)

4. Die Luftschlacht um E_____ (13. August 1940 bis Anfang 1941)

5. N_____- Feldzug (Februar 1941 bis November 1942)

6. B_____- Feldzug nach J_____ und G_____
   (April 1941 bis Mai 1941)

7. Unternehmen „Barbarossa": Angriff auf die S_____ (ab 22. Juni 1941)

8. Schlacht um M_____ (Dezember 1941)

9. Unternehmen „Zitadelle": Panzerschlacht von K_____ (Juli/August 1943)

② **Die Wende**

1. Kriegseintritt der _____ nach dem japanischen Angriff
   auf P_____ H_____ (Dezember 1941)

2. Niederlage im ___-B_____-Krieg (Radareinsatz)

3. Kapitulation der 6. Armee in S_____
   (Oktober 1942 bis Februar 1943)

③ **Deutscher Rückzug (1943–1945)**

1. Rückzug an der O_____ von der Wolga zur
   Weichsel (Februar 1943 bis Juli 1944)

2. Flächenbombardierung Deutschlands durch e_____-
   _____ und a_____ Bomberverbände
   (ab Mai 1944 bis April 1945)

3. Landung der Alliierten in A_____ (November 1942),
   in S_____, I_____, S_____ und
   K_____ (Juli 1943)

5. Landung der Alliierten in der N_____ am sogenannten „D-Day" (Juli 1944)

6. Befreiung F_____ und Einzug von General de Gaulles in Paris (August 1944)

7. Vorstoß deutscher Truppen in der „A_____-
   offensive" (Dezember 1944)

8. Einmarsch in Deutschland (ab Januar 1945)

9. Eroberung von B_____ (April 1945)

10. Bedingungslose deutsche K_____
    (7. bis 9. Mai 1945)

GPG | Lösung

Der Zweite Weltkrieg

① Deutscher Vormarsch (1939–1942)

1. „Blitzkrieg" gegen P _olen_ (1. bis 28. September 1939)

2. Feldzug nach D _änemark_ und N _orwegen_
(9. April bis 9. Juni 1940)

3. „Westfeldzug" gegen F _rankreich_ und B _enelux_ -
Staaten (10. Mai bis 22. Juni 1940)

4. Die Luftschlacht um E _ngland_ (13. August 1940 bis Anfang 1941)

5. N _ordafrika_ - Feldzug (Februar 1941 bis November 1942)

6. B _alkan_ - Feldzug nach J _ugoslawien_ und G _riechenland_
(April 1941 bis Mai 1941)

7. Unternehmen „Barbarossa": Angriff auf die S _owjetunion_ (ab 22. Juni 1941)

8. Schlacht um M _oskau_ (Dezember 1941)

9. Unternehmen „Zitadelle": Panzerschlacht von K _ursk_ (Juli/August 1943)

② Die Wende

1. Kriegseintritt der _USA_ nach dem japanischen Angriff
auf P _earl_ H _arbor_ (Dezember 1941)

2. Niederlage im _U_ -B _oot_ -Krieg (Radareinsatz)

3. Kapitulation der 6. Armee in S _talingrad_
(Oktober 1942 bis Februar 1943)

③ Deutscher Rückzug (1943–1945)

1. Rückzug an der O _stfront_ von der Wolga zur
Weichsel (Februar 1943 bis Juli 1944)

2. Flächenbombardierung Deutschlands durch e _ngli_ -
sche und a _merikanische_ Bomberverbände
(ab Mai 1944 bis April 1945)

3. Landung der Alliierten in A _lgerien_ (November 1942),
in S _izilien_ , I _talien_ , S _ardinien_ und
K _orsika_ (Juli 1943)

5. Landung der Alliierten in der N _ormandie_ am sogenannten „D-Day" (Juli 1944)

6. Befreiung F _rankreichs_ und Einzug von General de Gaulles in Paris (August 1944)

7. Vorstoß deutscher Truppen in der „A _rdennen_ -
offensive" (Dezember 1944)

8. Einmarsch in Deutschland (ab Januar 1945)

9. Eroberung von B _erlin_ (April 1945)

10. Bedingungslose deutsche K _apitulation_
(7. bis 9. Mai 1945)

Thema

„Wollt ihr den totalen Krieg?"

Lernziele

- Kennenlernen der Rede von Propagandaminister Goebbels im Berliner Sportpalast vor 3000 Menschen am 18. Februar 1943
- Wissen, was der Begriff „totaler Krieg" bedeutet
- Wissen, welcher propagandistischen Mittel sich Goebbels bediente
- Wissen, welche Wirkung diese Rede auf die Deutschen und die Alliierten hatte
- Wissen um die Auswirkungen des totalen Krieges auf das deutsche Volk

Arbeitsmaterial

- Bilder 1/2/3/4 für die Tafel
- Textbatt
- Folien 1/2
- youtube: Goebbels fordert den totalen Krieg (2:46)

Tafelbild

„Wollt ihr den totalen Krieg?"

Joseph Goebbels
Reichspropagandaminister

18. Februar 1943
Sportpalast in Berlin

Ein Krieg wird dann zum totalen Krieg, wenn auch die Zivilbevölkerung zur Unterstützung der Kriegshandlungen herangezogen wird. Vom deutschen Volk wurde der Einsatz aller Kräfte gefordert. Die Heimatfront verband alle Menschen zu einer Gemeinschaft, die zur größten Anstrengung fähig war und den Krieg trotz aller Unterlegenheit noch erstaunlich lange in Gang halten konnte.

Totale Mobilisierung („Volkssturm")

Totale Kontrolle des Volkswillens

Totales Kriegsziel (Vernichtung des Gegners ohne Rücksicht auf eigene Verluste)

Lehrskizze

1./2. Unterrichtseinheit

I. Motivation/Einstieg

Stummer Impuls	Tafel Bild 1 (S. 117)	Joseph Goebbels
Aussprache		
	Tafel Wortkarte	Joseph Goebbels Reichspropagandaminister
Impuls		L: Goebbels hielt vor ausgewählten Anhängern eine berühmt-berüchtigte Rede.
Stummer Impuls	Tafel Bild 2 (S. 117)	Sportpalast
Aussprache		
	Tafel Wortkarte	18. Februar 1943 Sportpalast in Berlin
L.info		L: Die Rede wurde kurz nach der Niederlage von Stalingrad gehalten.
Zielangabe	Tafel	**„Wollt ihr den totalen Krieg?"**

II. Erarbeitung

	Textblatt (S. 118)	„Wollt ihr den totalen Krieg?"
Schüler lesen		
Lehrkraft klärt Begriff		Phalanx = dicht geschlossene Kampfformation
Aussprache		1. Was beabsichtigte Goebbels mit seiner Rede?
		2. Welche Merkmale der Propagandasprache kannst du herausfinden? Welche Wörter verwendet Goebbels oft?
		3. Gibt die Rede Auskunft über die wirkliche Lage der Deutschen im Krieg?
Ergebnis		zu 1. Die Rede ist voll von Wörtern, die den Zuhörer gefühlsmäßig ansprechen.
		zu 2. Goebbels verwendet viele positive und negative Begriffe wie z. B. Führer, Sieg, Volk, Heimat, Feind u. a.
		zu 3. Nein.
	youtube (2:46)	Goebbels fordert den totalen Krieg (Ausschnitt)
Impuls		L: Was ist ein „totaler Krieg"?
	Folie 1 (S. 115)	Totaler Krieg
Aussprache		

III. Wertung

Stummer Impuls	Tafel Bild 3 (S. 119)	Plakat: Nun Volk steh auf und Sturm brich los
Aussprache		
Stummer Impuls	Tafel Bild 4 (S. 119)	Verzweifelter, angsterfüllter junger Soldat
Aussprache		
	Folie 2 (S. 120)	Totaler Krieg
		Sinnlosigkeit und Unmenschlichkeit des Krieges
Schüler verbalisieren		
Gedicht von Bertolt Brecht		
Schüler lesen		
Aussprache		
(Sierre de Guadarrama		
= Bergkette in Spanien)		

> Mein Bruder war ein Flieger
> Eines Tags bekam er eine Kart
> Er hat seine Kiste eingepackt
> und südwärts ging die Fahrt.
>
> Mein Bruder ist ein Eroberer
> Unserem Volke fehlts an Raum
> Und Grund und Boden zu kriegen
> ist bei uns ein alter Traum.
>
> Der Raum, den mein Bruder eroberte
> Liegt im Guadarramamassiv
> Er ist lang einen Meter achtzig
> Und einen Meter fünfzig tief.

„Wollt ihr den totalen Krieg?"

Am 18. Februar 1943 nach der Kapitulation der 6. Armee in Stalingrad verkündete Reichspropagandaminister Joseph Goebbels im Berliner Sportpalast den totalen Krieg und forderte den Einsatz aller menschlichen, materiellen und moralischen Kräfte für den „Endsieg".

[...] Ihr also, meine Zuhörer, repräsentiert in diesem Augenblick die Nation. Und an euch möchte ich zehn Fragen richten, die ihr mir und dem deutschen Volk vor der ganzen Welt, insbesondere aber vor unseren Feinden, die uns auch an ihrem Rundfunk zuhören, beantworten sollt. (Nur mit Mühe kann sich Goebbels für die nun folgenden Fragen Gehör verschaffen. Die Masse befindet sich in einem Zustand äußerster Hochstimmung. Messerscharf fallen die einzelnen Fragen. Jeder einzelne fühlt sich persönlich angesprochen. Mit letzter Anteilnahme und Begeisterung gibt die Masse auf jede einzelne Frage die Antwort. Der Sportpalast hallt wider von einem einzigen Schrei der Zustimmung.)

Erstens: *Die Engländer behaupten, das deutsche Volk habe den Glauben an den Sieg verloren. Ich frage euch: Glaubt ihr mit dem Führer und mit uns an den endgültigen totalen Sieg des deutschen Volkes? Ich frage euch: Seid ihr entschlossen, dem Führer in der Erkämpfung des Sieges durch dick und dünn und unter Aufnahme auch der schwersten persönlichen Belastung zu folgen?*

Zweitens: *Die Engländer behaupten, das deutsche Volk ist des Kampfes müde. Ich frage euch: Seid ihr bereit, dem Führer als Phalanx der Heimat hinter der kämpfenden Front stehend, diesen Kampf mit wilder Entschlossenheit und unbeirrt durch alle Schicksalsfügungen fortzusetzen, bis der Sieg in unseren Händen ist?*

Drittens: *Die Engländer behaupten, das deutsche Volk hat keine Lust mehr, sich der überhandnehmenden Kriegsarbeit, die die Regierung von ihm fordert, zu unterziehen. Ich frage euch: Seid ihr und ist das deutsche Volk entschlossen, wenn der Führer es befiehlt, zehn, zwölf und wenn nötig vierzehn Stunden täglich zu arbeiten und das Letzte herzugeben für den Sieg?*

Viertens: *Die Engländer behaupten, das deutsche Volk wehrt sich gegen die totalen Kriegsmaßnahmen der Regierung. Es will nicht den totalen Krieg, sondern die Kapitulation. Ich frage euch: Wollt ihr den totalen Krieg? Wollt ihr ihn, wenn nötig, totaler, radikaler, als wir ihn uns heute überhaupt noch vorstellen können?*

Fünftens: *Die Engländer behaupten, das deutsche Volk hat sein Vertrauen zum Führer verloren. Ich frage euch: Ist euer Vertrauen zum Führer heute größer, gläubiger und unerschütterlicher denn je? Ist eure Bereitschaft, ihm auf allen seinen Wegen zu folgen und alles zu tun, um den Krieg zum siegreichen Ende zu führen, eine absolute und uneingeschränkte?*

Ich frage euch also ***sechstens:*** *Seid ihr bereit, von nun an eure ganze Kraft einzusetzen und der Ostfront die Menschen und Waffen zur Verfügung zu stellen, die sie braucht, um dem Bolschewismus den tödlichen Schlag zu versetzen?*

Ich frage euch ***siebtens:*** *Gelobt ihr mit heiligem Eid der Front, dass die Heimat mit starker Moral hinter ihr steht und ihr alles geben wird, was sie nötig hat, um den Sieg zu erkämpfen?*

Ich frage euch ***achtens:*** *Wollt ihr, insbesondere ihr Frauen selbst, dass die Regierung dafür sorgt, dass auch die deutsche Frau ihre ganze Kraft der Kriegsführung zur Verfügung stellt und überall da, wo es nur möglich ist, einspringt, um Männer für die Front frei zu machen und damit ihren Männern an der Front zu helfen?*

Ich frage euch ***neuntens:*** *Billigt ihr, wenn nötig, die radikalsten Maßnahmen gegen einen kleinen Kreis von Drückebergern und Schiebern, die mitten im Krieg Frieden spielen und die Not des Volkes zu eigensüchtigen Zwecken ausnützen wollen? Seid ihr damit einverstanden, dass, wer sich am Kriege vergeht, den Kopf verliert?*

Ich frage euch ***zehntens*** *und zuletzt: Wollt ihr, dass, wie das nationalsozialistische Parteiprogramm gebietet, gerade im Krieg gleiche Rechte und gleiche Pflichten vorherrschen, dass die Heimat die schweren Belastungen des Krieges solidarisch auf ihre Schultern nimmt und dass sie für hoch und niedrig und arm und reich in gleicher Weise verteilt werden?*

Ich habe euch gefragt, ihr habt mir eure Antwort gegeben: Ihr seid ein Stück Volk, durch euren Mund hat sich damit die Stellungnahme der Deutschen manifestiert, ihr habt euren Feinden das zugerufen, was sie wissen müssen, damit sie sich keinen Illusionen und falschen Vorstellungen hingeben. Somit sind wir, wie von der ersten Stunde unserer Macht an und durch alle die zehn Jahre hindurch fest und brüderlich mit dem deutschen Volk vereint. Der mächtigste Bundesgenosse, den es auf der Welt gibt, das Volk selbst, steht hinter uns und ist entschlossen, mit dem Führer, koste es, was es wolle, unter Aufnahme auch der schwersten Opfer, den Sieg kämpfend zu erstreiten.

[...] Wenn wir je treu und unverbrüchlich an den Sieg geglaubt haben, dann in dieser Stunde der nationalen Besinnung und der inneren Aufrichtung. Wir sehen ihn greifbar nahe vor uns liegen; wir müssen nur zufassen. Wir müssen nur die Entschlusskraft aufbringen, alles andere seinem Dienst unterzuordnen. Das ist das Gebot der Stunde. Und darum lautet die Parole: Nun Volk steh' auf und Sturm brich los!

Thema	**Not und Tod der deutschen Bevölkerung im Bombenkrieg**

Lernziele

- Wissen, mit welcher Radikalität der Bombenkrieg in Deutschland geführt wurde
- Erkenntnis, dass große Teile Deutschlands zerstört wurden
- Wissen um die Not und den Tod von Hunderttausenden von zivilen Opfern
- Lesen und Beurteilen von Augenzeugenberichten
- Erahnen, was der Bombenkrieg für Kinder bedeutet hat und in der heutigen Zeit in anderen Ländern für sie noch immer bedeutet

Arbeitsmaterial

- Bilder 1/2 für die Tafel
- Folien 1/2/3
- Textblätter 1/2/3/4
- Arbeitsblatt
- youtube: Deutschland – Der Feuersturm 1 im Bombenkrieg (44:11)
- youtube: Deutschland – Der Feuersturm 2 im Bombenkrieg (42:20)

Tafelbild

Not und Tod der deutschen Bevölkerung im Bombenkrieg

Folie 2

Der amerikanische Kopilot Donald Nielsen äußerte sich zur Bombardierung Deutschlands: „Wir hatten nicht mehr den Eindruck, dass wir auf ein militärisches Ziel flogen. Es war, als würde man uns nur noch schicken, um Gebäude zu zerstören und Menschen zu töten. Ich habe Gott oft um Vergebung gebeten."

Von der Terrasse des Sanatoriums erlebte der 83-jährige Dichter Gerhart Hauptmann am 13./14. Februar 1945 den Luftangriff und die Zerstörung der Stadt. Zur Bombardierung Dresdens schrieb er: „Wer das Weinen verlernt hat, der lernt es wieder beim Untergang Dresdens. Dieser heitere Morgenstern der Jugend hat bisher der Welt geleuchtet. Ich weiß, dass in England und Amerika gute Geister genug vorhanden sind, denen das göttliche Licht der Sixtinischen Madonna nicht fremd war und die von dem Erlöschen dieses Sternes allertiefst getroffen weinen. Und ich habe den Untergang Dresdens unter den Sodom- und Gomorrha-Höllen der englischen und amerikanischen Flugzeuge persönlich erlebt.

Wenn ich das Wort „erlebt" einfüge, so ist mir das noch wie ein Wunder. Ich nehme mich nicht wichtig genug, um zu glauben, das Fatum habe mir dieses Entsetzen gerade an dieser Stelle in dem fast liebsten Teil meiner Welt ausdrücklich vorbehalten."

Lehrskizze

1./2. Unterrichtseinheit

I. Motivation/Einstieg

Stummer Impuls	Tafel Bilder 1/2 (S. 123)	Plakat/zerbombte Stadt
Aussprache **Zielangabe**	Tafel	**Not und Tod der deutschen Bevölkerung im Bombenkrieg**

II. Erarbeitung

	Textblatt 1 (S. 124)	Der Bombenkrieg der Alliierten gegen Deutschland
Schüler lesen Aussprache		
Aussprache	Folie 1 (S. 125)	Vernichtungswaffen im totalen Krieg
	Textblatt 2 (S. 126)	Not und Tod der deutschen Bevölkerung im Bombenkrieg
Schüler lesen Aussprache youtube	Film 1 (44:11)	Deutschland – Der Feuersturm I im Bombenkrieg
Aussprache		

3./4. Unterrichtseinheit

I. Anknüpfung

Youtube	Film 2 (42:20)	Deutschland – Der Feuersturm II im Bombenkrieg
Aussprache		

III. Wertung

	Folie 2 (S. 121)	Stimmen zum Bombenkrieg
Schüler lesen Lehrkraft klärt Begriff Aussprache		Fatum = Schicksal, Los
	Textblatt 3 (S. 127)	Der Krieg und die Kinder
Schüler lesen Aussprache		

IV. Sicherung

	Arbeitsblatt (S. 128)	Not und Tod der deutschen Bevölkerung im Bombenkrieg
Schüler lesen Aussprache		

IV. Zusammenfassung

	Folie 3 (S. 129)	Bedingungslose Kapitulation
Schüler lesen Aussprache Zusammenfassung	Textblatt 4 (S. 130)	Chronik des Zweiten Weltkrieges

Der Bombenkrieg der Alliierten gegen Deutschland

Der Bombenkrieg der Briten und der Amerikaner gegen Deutschland ist in der Weltgeschichte ohne Beispiel.

Noch nie wurde ein hochzivilisiertes Land und dessen Bevölkerung so massiv und brutal angegriffen wie Deutschland. Noch nie wurden die Städte und Dörfer eines Landes derart in Schutt und Asche gelegt wie in Deutschland. Noch nie wurden die geschichtlichen Zeugnisse und das kulturelle Erbe eines ganzen Volkes in einem solchen Ausmaß mutwillig zerstört. Noch nie setzte sich eine Kriegspartei so rücksichtslos über das Völkerrecht und die Gebote der Menschlichkeit hinweg.

Der Luftkrieg begann am 1. September 1939. In der ersten Phase – bis zum 10. Mai 1940 – wurden nur militärische Ziele angegriffen. Am 10. Mai übernahm der britische Premierminister Winston Churchill den Vorsitz im Kriegskabinett und setzte eine Verschärfung des Bombenkrieges durch. Es war sein Ziel, das gesamte gegnerische Potential zu vernichten. Auch Wohngebiete und die Zivilbevölkerung wurden nicht mehr verschont. Churchill hob den Grundsatz des Zivilschutzes mit der Begründung auf: „Ich führe keinen Krieg mit Hitler, sondern ich führe einen Krieg mit Deutschland." Und weiter: „Auf deutsche Zivilisten wird bei Luftangriffen fortan keine Rücksicht mehr genommen."

Noch 1945 wurden verstärkt Angriffe gegen deutsche Städte gefolgen, obwohl Deutschland so gut wie besiegt war.

16./17. Januar 1945:
Magedurg wurde zwei Nächte lang schwer bombardiert.

3. Februar 1945:
Ein amerikanischer Luftangriff auf Berlin forderte 22000 Opfer unter der Zivilbevölkerung.

13./14. Februar 1945:
Das von Flüchtlingen überfüllte Dresden wurde durch alliierte Angriffe zerstört. Die Zahl der Toten schwankte zwischen 30000 und 40000.

14. Februar 1945:
Chemnitz wurde zweimal angegriffen.

23. Februar 1945:
Pforzheim wurde massiv zerstört.

26. Februar 1945:
Berlin wurde bombardiert.

7. März 1945:
Dessau wurde angegriffen.

11. März 1945:
Essen wurde zerstört, es fielen 5000 t Bomben.

12. März 1945:
Über Dortmund fielen während eines Tages und einer Nacht 4900 t Bomben.

16. März 1945:
Nürnberg und Würzburg wurden zerstört.

10. April 1945:
Leipzig traf ein Großangriff.

25. April 1945:
Kiel, München und Pilsen wurden bombardiert.

25. April 1945:
Britische und amerikanische Bomber fliegen ihre letzten Einsätze.

Die alliierte Invasion begann am 6. Juni 1944 in der Normandie. Die deutsche Luftwaffe hatte im Westen etwa 500 Flugzeuge, die Alliierten fast 13000 und erreichten nach wenigen Tagen die absolute Luftherrschaft. Seit dem 1. August 1944 wurden an 194 Tagen und in 94 Nächten 127 deutsche Städte angegriffen, darunter 61 Großstädte, in denen 25 Millionen Menschen lebten, etwa 32 % der Bevölkerung des Deutschen Reiches. Dort wurden über 500000 Tonnen Spreng-, Brand- und Splitterbomben abgeworfen.

Die schwersten Angriffe auf Städte erfolgten nachts. Es hatte sich herausgestellt, dass die Verluste durch die deutsche Abwehr am Tag zu groß waren. Die Städte wurden systematisch mit einem weit ausgebreiteten Bombenteppich belegt. Tagsüber konzentrierten sich die Angriffe auf taktische Ziele, Industrieanlagen, Ölraffinerien, Versorgungsanlagen wie Talsperren und das Verkehrsnetz. Die Sorpetalsperre, die zweitgrößte Ruhrtalsperre (Fassungsvermögen 70 Millionen Kubikmeter Wasser) wurde zweimal bombardiert, die 69 m hohe Sperrmauer hielt jedoch stand.

Das Verkehrsnetz wurde stark beschädigt, allein am 22. Februar 1945 wurden 158 Eisenbahnanlagen im Gebiet Berlin-Leipzig-Kassel-Hamburg getroffen. Nicht nur Eisenbahnlinien, sondern auch Straßen und Kanäle wurden angegriffen. Dadurch geriet die gesamte militärische und zivile Organisation in Unordnung.

Von besonderer Bedeutung waren die Angriffe auf die Ölindustrie, die seit 1944 gezielt durchgeführt wurden. Von Juli bis August 1944 wurden 66 Werke getroffen. Die Ölproduktion sank von 170000 Tonnen monatlich auf 20000 Tonnen im August 1944, später auf 5000 Tonnen. Die Luftwaffe bekam nicht mehr genügend Treibstoff, das war ein Grund für das Scheitern der Ardennenoffensive im Dezember 1944.

Im März 1945 stand die Wirtschaft kurz vor dem Zusammenbruch. Der Gütertransport war auf 15 % des normalen Umfangs gesunken, die Kohlenlieferungen auf 4 %. Im April 1945 stand der Verkehr still.

Vernichtungswaffen im totalen Krieg

Bomber Bristol Blenheim der Royal Air Force

U-Boot Typ VII C

B-17-Bomber der US Army Air Forces

Kampfpanzer Tiger I

Atombomben auf Japan im August 1945

Fieseler Fi 103 (Vergeltungswaffe V1)

12,8 cm schwere Panzerjägerkanone 44 Typ Krupp

Sturmgewehr 44

Not und Tod der deutschen Bevölkerung im Bombenkrieg

Einen der schlimmsten Luftangriffe des Zweiten Weltkrieges erlebte Dresden in der Nacht vom 13. zum 14. Februar 1945.

Man schätzt, dass etwa 30 000 Menschen in dieser einzigen Bombennacht ihr Leben verloren.

Ein Augenzeuge berichtet:

„Dresden beherbergte am 13. Februar 1945 etwa 700 000 Menschen und war ohne Luftschutz, weil Hitler selbst den größten Teil der bei Dresden stehenden Flakverbände und Jagdflugzeuge abgezogen und an die Ostfront geworfen hatte, damit dort den sowjetischen Verbänden überhaupt noch Waffen entgegengestellt werden konnten. Zwischen 21 und 22 Uhr flogen die ersten Wellen schwerer Jagdbomber der US-Luftwaffe (311 Bomber) und der Royal-AirForce (773 Bomber) heran und warfen zwischen 22.09 Uhr und 22.35 Uhr rund 3000 Sprengbomben und 400 000 Brandbomben auf die völlig überraschte Stadt.

Um 1.22 Uhr erschienen die nächsten Wellen alliierter Kampfgeschwader über der Stadt und warfen rund 5000 Sprengbomben und 200 000 Brandbomben ab. Sie trafen mitten in die Menschen hinein, die sich aus den brennenden Vierteln hatten retten können. Nun konnten sie nicht mehr fliehen. Zusammenbrechende Häuser versperrten die Straßen und überantworteten im wahrsten Sinne des Wortes Zehntausende von Menschen dem Feuer- und Erstickungstod. Es erhob sich ein Feuersturm, dessen Sog so gewaltig war, dass er an vielen Stellen der Stadt Menschen über 100 Meter Entfernung rettungslos in die Flammen riss.

Ein dritter Angriff in den Mittagsstunden des 14. Februar rundete nur das Werk der vorangegangenen Angriffe ab. Noch einmal fielen 2000 Sprengbomben und 50 000 Brandbomben. Die Zahl der Opfer konnte nie genau festgestellt werden. In den Löschteichen trieben die Ertrunkenen umher, die in ihrer Verzweiflung mit brennenden Kleidern ins Wasser gesprungen waren. Auf den Elbwiesen lagen die Leiber derer, die dem Maschinengewehrfeuer alliierter Tieffflieger zum Opfer gefallen waren.

Die Bahnsteige des Hauptbahnhofes waren übersät mit Leichen. In den Kellern des Bahnhofs selbst zählte man 2000 Tote. Sie waren erstickt und trieben in dem Wasser, das aus geborstenen Rohren in die Keller geströmt waren. Mit Baggern mussten auf dem Heidefriedhof die Massengräber ausgehoben werden, in die man 18000 Tote senkte. 6000 andere, zerrissene Körper, wurden im abgesperrten Stadtinneren auf einem Rost verbrannt. Man gewöhnte sich bald daran, die Zahl der Toten nur noch nach gefundenen Köpfen zu messen."

Ein weiterer Augenzeuge berichtet:

„Ich hätte niemals geglaubt, dass der Tod so viele Menschen auf so viele verschiedene Arten ereilen könnte. Nie hätte ich erwartet, Leute derart zugerichtet zu sehen: verbrannt, eingeäschert, zerfetzt und zu Tode gequetscht; manchmal sahen die Opfer wie normale Leute aus, die friedlich schliefen; die Gesichter von anderen waren vom Schmerz verzerrt, die Körper beinahe völlig entkleidet durch den Feuersturm. Es gab arme Flüchtlinge aus dem Osten in abgerissener und Leute aus der Oper in festlicher Bekleidung. Hier war das Opfer nur ein formloses Etwas, dort ein Haufen Asche, der in einen Zinnsarg geschaufelt wurde. Über der Stadt, die Straßen entlang, lag der unverwechselbare Geruch von verwesendem Fleisch."

Berlin, Februar 1945, nach einem Luftangriff: Eine Mutter verliert ihren Sohn im Bombenhagel

Aus der Ruine des Wertheim-Warenhauses kommt eine Frau gelaufen. Sie schreit und gestikuliert mit den Armen. Es hat den Anschein, als sei sie betrunken. Doch sie hat den Verstand verloren. Sie nähert sich dem Eingang der Reichskanzlei. Ein Polizist rennt hinter ihr her.

„Mein Junge ist tot! Mein Junge ist tot! Ich muss mit dem Führer sprechen", schreit die Unglückliche. Der Polizist hält sie fest. Ein Soldat rennt fort, um ein Auto zu holen. Menschen strömen zusammen. Mit bleichen Gesichtern starren sie die Frau an, die sich vergeblich von dem Polizisten loszureißen versucht. „Ihr habt mir meinen Jungen genommen", bricht es wild aus ihr heraus. „Lasst mich zum Führer." Das Auto kommt. Die Frau wird fortgeschafft. Wohin? Die Berliner Krankenhäuser, deren Mauern noch stehen, sind überfüllt. Für neue Patienten ist kein Platz.

Arbeitsaufgabe:

Suche nach Fotografien und anderen Dokumenten über Zerstörungen deiner Heimat durch Luftangriffe.

Der Krieg und die Kinder
Marie Mehrfeld

Im großen Weltkrieg kannten sie sich aus mit heulenden Sirenen mitten in der Nacht. Dann rannten sie mit Rucksäckchen auf dem Rücken um ihr Leben, während die ersten Bomben fielen. Die kleine Schwester an der Hand. Sie hockten furchtsam und doch neugierig in Schutzbunkern. Hörten es krachen und zischen. Und erzählten sich trotzdem Witze. Sie spielten in Kellern und in den Trümmern zerstörter Häuser. Mit ihren Spielzeugautos und Puppen, die sie fest im Arm hielten. Sie spielten Schwarzer Peter oder Viereckenraten. Ich sehe was, was du nicht siehst. Oder Mutter und Kind. Sie hofften sehnsüchtig auf den langen Ton der Entwarnung. Und darauf, dass die Katze den Angriff überlebt hat. Sie sammelten Granatsplitter statt Fußballerbilder. Die glitzerten und waren scharf und spitz. Sie wussten nicht, wo ihre Väter waren. Sie wurden ungeduldig, wenn ihre Mutter weinte. Um den großen Bruder, der gefallen war. Sie wussten nicht, warum Bomben fielen. Warum Krieg war. Warum ihr Haus verschont blieb, während das des Nachbarn zerstört wurde. Sie wussten nicht, warum sie abends nur ein Stück Brot bekamen und hungrig ins Bett gingen. Sie wussten nicht, wie Schokolade schmeckt. Sie trugen keine Markenklamotten. Sondern das, was da war. Geerbt von den Geschwistern. Geflickt und gestopft und meistens zu groß oder zu klein. Nicht warm genug für den harten Winter. Sie konnten manchmal nicht zur Schule gehen. Weil die Lehrer Soldaten waren. Oder weil die Schule einen Volltreffer abbekommen hatte. Sie wurden ungefragt von ihren Familien getrennt. Mussten mitten im Winter aus der Heimat flüchten. Auf Pferdewagen oder zu Fuß. Sie fürchteten sich oft. Und wurden nur selten getröstet. Sie haben ihr Leben nicht als schlecht empfunden. Denn sie kannten es nicht anders.

Nach dem Krieg haben sie das Land wieder aufgebaut. Manche von ihnen leben noch. Sie sind die letzten Zeugen dieser Zeit. Sucht das Gespräch mit ihnen. Sie werden euch sagen, bitte nie wieder Krieg. Dabei ist es etwas mehr als achtzig Jahre her, dass unser Land der ganzen Welt den Krieg erklärt hat. Und vor allem die Kinder darunter gelitten haben. Viele Hunderttausende waren es in Deutschland und noch viel mehr in den Ländern, die wir in diesen schrecklichen Krieg gezwungen haben. Kinder leiden am meisten in Kriegen. Sie sind das schwächste Glied in der Kette – und nicht zuständig für die Schuld ihrer Eltern.

Kriege gibt es immer noch. Sie finden in anderen Ländern statt. Wir beobachten sie mit Abstand in der Tagesschau. Die Kriegskinder von heute leiden die gleiche Not wie damals eure Groß- oder Urgroßeltern. Immer noch werden ganze Straßenzüge kaputt gebombt, Menschen getötet. Immer noch mit Waffen – auch made in Germany. Immer noch verstehen Kinder nicht, warum Krieg ist.

Viele Kinder aus Kriegsgebieten sind in unser Land geflüchtet. Weil ihre Häuser zerstört, Verwandte getötet wurden. Wir wissen aus Erfahrung, was Krieg für Kinder bedeutet. Und müssen ihnen helfen. Sie schützen. Dafür sorgen, dass sie gute Schulen besuchen. Und den Krieg vergessen können.

Der erste Winter nach dem Ende des 2. Weltkrieges zwischen November 1946 und März 1947 gilt als einer der kältesten des 20. Jahrhunderts und traf die Menschen in Deutschland besonders hart, da viele von ihnen ausgebombt oder geflüchtet waren und in ungeheizten Notunterkünften hausten. Der Winter wird wegen der mangelhaften Nahrungsversorgung auch Hungerwinter genannt.

Allein in Deutschland erforderte er Hunderttausende von Todesopfern, sehr viele davon Alte, Kranke und besonders Kinder.

GPG	Name: _____	Datum: _____

Not und Tod der deutschen Bevölkerung im Bombenkrieg

1. Nach der Bombardierung Londons durch die deutsche Luftwaffe sagte Winston Churchill, der engliche Premierminister: „Wir werden alle deutschen Städte bombardieren. Die deutsche Zivilbevölkerung kann aber leicht allen Härten entgehen. Sie braucht nur auf die Felder zu flüchten. Dort wird sie Zeit finden, zu überlegen und zu bereuen."

Beurteile die Äußerung Churchills.

2. Betrachte die Karte links. Welche fünf Städte wurden am schlimmsten zerstört? Suche sie.

3. Betrachte die Bilder unten. Sprich dazu.

Legende zur Karte:

○ Stadt 0-1 % zerstört

◉ Stadt 1-5 % zerstört

▲ Stadt über 5 % zerstört

Der schwarze Sektor zeigt den Prozentsatz der Zerstörung von Gebäuden

4. Das Ergebnis der Bombenangriffe auf Deutschland war erschütternd: Rund 600 000 Tote und etwa 900 000 Verletzte, rund vier Millionen zerstörte Häuser und Wohnungen und mehr als acht Millionen obdachlose Menschen.

5. Die traurige Bilanz am Ende des Zweiten Weltkrieges:
Der Krieg in Europa und Asien kostete geschätzt mindestens 55 Millionen Menschen das Leben, die meisten waren Zivilisten. Mit mehr als 26 Millionen Toten hatte die Sowjetunion die größten Verluste. Deutschland zählte etwa 6,3 Millionen Tote, darunter fast 5,2 Millionen Soldaten. Die USA verloren 292 000 Mann. Über zehn Millionen Chinesen wurden umgebracht. Amerikanische Atombomben töteten etwa 150 000 Japaner auf der Stelle. Zu den Opfern gehörten auch etwa sechs Millionen von den Nazis ermordete Juden.

8. Mai 1945 – Deutschlands bedingungslose Kapitulation

Die militärische Lage des Deutschen Reiches ist aussichtslos: Am 30. April 1945 steht die Rote Armee bereits im Stadtzentrum von Berlin, unweit des „Führerbunkers". In dieser Situation bringt sich Adolf Hitler um – „um der Schande des Absetzens oder der Kapitulation zu entgehen", wie er in seinem Testament schreibt. Er bestimmt Großadmiral Karl Dönitz zum Reichspräsidenten und Propagandaminister Joseph Goebbels zum Reichskanzler.

Weil Goebbels am Tag darauf ebenfalls Selbstmord begeht, bleibt nur Dönitz als höchster deutscher Repräsentant übrig. Sein Plan: Teilkapitulation gegenüber den Westmächten. Denn er will weiter gegen die Rote Armee kämpfen, um angeblich möglichst viele „deutsche Menschen vor der Vernichtung durch den vordringenden bolschewistischen Feind zu retten". Tatsächlich geht es ihm darum, sich mit den Westmächten gegen die Sowjetunion zu verbünden.

Dönitz schickt Generaloberst Alfred Jodl in das US-Hauptquartier in Reims mit dem Auftrag, entweder eine Teilkapitulation oder aber eine viertägige Frist zwischen der Unterzeichnung der Gesamtkapitulation und der Einstellung aller Truppenbewegungen zu erreichen. General Dwight. D. Eisenhower wertet das als Versuch, das Bündnis der Alliierten zu sprengen. Er besteht am 6. Mai 1945 auf einer sofortigen und bedingungslosen Kapitulation, räumt aber eine Frist von 48 Stunden ein, um die Nachricht an alle Truppenteile der Wehrmacht zu übermitteln.

Eisenhower gibt Jodl eine halbe Stunde Bedenkzeit. Wenn dieser ablehne, werde der Bombenkrieg wieder aufgenommen. Um 21.45 Uhr funkt Jodl an Dönitz, der sich in Norddeutschland befindet: „Ich sehe keinen anderen Ausweg als Chaos oder Unterzeichnung." Daraufhin antwortet der Großadmiral am 7. Mai um 1.30 Uhr „Vollmacht zur Unterzeichnung ... erteilt." Jodl unterzeichnet um 2.41 Uhr. Die Kapitulation soll am 8. Mai um Mitternacht in Kraft treten. Zusammen mit der Urkunde unterschreibt Jodl auch ein Papier, wonach die bedingungslose Kapitulation aller deutschen Streitkräfte in Anwesenheit des sowjetischen Oberkommandos zu wiederholen ist. Josef Stalin will die Gültigkeit der Gesamtkapitulation nur unter dieser Bedingung anerkennen.

Am Mittag des 8. Mai treffen die Vertreter der Westmächte auf dem Berliner Flughafen Tempelhof ein. Kurz darauf landen auch die Vertreter für alle Wehrmachtsteile: Generalfeldmarschall Wilhelm Keitel für das Oberkommando und das Heer, Hans-Georg von Friedeburg für die Marine und Hans-Jürgen Stumpff für die Luftwaffe. Alle Teilnehmer werden in das sowjetische Hauptquartier nach Karlshorst gebracht.

Unterzeichnet wird die auf den 8. Mai 1945 datierte Urkunde jedoch erst in den frühen Morgenstunden des 9. Mai. Verhandlungen über Textänderungen und fehlende Zeilen in der russischen Fassung hatten den Akt verzögert. Damit ist der von Deutschland begonnene Zweite Weltkrieg in Europa beendet – „zu Lande, zu Wasser und in der Luft".

Chronik des Zweiten Weltkrieges

1939

1. September: Deutscher Überfall auf Polen

3. September: Frankreich und Großbritannien „antworten" mit Kriegserklärungen, bleiben aber vorerst passiv.

17. September: Sowjetische Truppen marschieren in Polen ein. Teilung Polens durch den deutsch-sowjetischen Freundschaftsvertrag

8. November: Ein Bombenattentat auf Hitler im Bürgerbräukeller in München scheitert.

1940

9. April: Deutschland besetzt die neutralen Länder Dänemark und Norwegen ohne Kriegserklärung.

10. April: Norwegen kapituliert

10. Mai: Beginn eines „Blitzkrieges", durch den Belgien, die Niederlande und Frankreich unterworfen werden.

14. Juni: Paris wird kampflos eingenommen. Bei Dünkirchen retten sich 340 000 britische Soldaten über den Ärmelkanal.

13. August: Hitler beginnt die Luftschlacht um England.

27. September: Dreimächtepakt aus Deutschland, Italien und Japan. Im November treten Rumänien, Ungarn und die Slowakei dem Dreimächtepakt bei.

1941

Februar: General Erwin Rommel beginnt den Afrikafeldzug.

1. März: Bulgarien tritt dem Dreimächtepakt bei.

6. April: Die Wehrmacht marschiert in Jugoslawien und Griechenland ein.

22. Juni: Beginn des „Unternehmen Barbarossa", bei dem die Wehrmacht mit drei Millionen Soldaten in die Sowjetunion einfällt. Schneller Vormarsch wird mit Einbruch des Winters gestoppt.

14. August: Roosevelt und Churchill verkünden mit Atlantikcharta gemeinsame Kriegsziele.

7. Dezember: Japanischer Überraschungsangriff auf den amerikanischen Marinestützpunkt in Pearl Harbor im Pazifik

11. Dezember: Deutsche Kriegserklärung an die USA

1942

20. Januar: Auf der Wannseekonferenz wird „Endlösung der Judenfrage" beschlossen.

Juni: Niederlage in der Seeschlacht von Midway leitet das Ende der japanischen Überlegenheit in Ostasien ein.

23. Oktober: Britische Gegenoffensive bei El Alamein zwingt das Afrika-Korps, das bereits weniger als 100 Kilometer vor Alexandria gestanden hatte, zum Rückzug.

22. November:
Die 6. Armee der Wehrmacht wird von sowjetischen Truppen bei Stalingrad eingeschlossen.

1943

31. Januar: Schlacht um Stalingrad endet mit Kapitulation der 6. Armee. 90 000 Mann gehen in Gefangenschaft, 700 000 Soldaten sterben.

19. April: Beginn des Aufstands im Warschauer Ghetto, der nach wochenlangen Kämpfen am 16. Mai endgültig zusammenbricht.

13. Mai: Mit der Kapitulation endet der Afrikafeldzug der Achsenmächte. Rund 250 000 Deutsche und Italiener kommen in Kriegsgefangenschaft.

24. Mai: Der deutsche U-Boot-Krieg gegen Geleitzüge im Nordatlantik wird aufgrund großer Verluste abgebrochen.

11. Juni: Die Alliierten beginnen mit einem Angriff auf Düsseldorf, die auf der Konferenz von Casablanca (14. bis 24. Januar) beschlossenen Flächenbombardements deutscher Städte.

9./10. Juni: Landung britischer und amerikanischer Truppen auf Sizilien, anschließend Sturz Mussolinis

3. September: US-amerikanische Truppen landen auf italienischem Festland, Italien schließt sich den Westmächten an und erklärt am 13. Oktober Deutschland den Krieg.

28. November: Beginn der Konferenz der „Großen Drei" in Teheran zur Planung militärischer Ziele und Neuregelung Nachkriegseuropas.

1944

6. Juni: Landung der Alliierten in der Normandie

20. Juni: Das Attentat Stauffenbergs auf Hitler schlägt fehl.

Dezember: Letzte Offensive der deutschen Wehrmacht scheitert in den Ardennen. Bereits am 21. Oktober haben die Amerikaner als erste Großstadt Aachen besetzt.

1945

27. Januar: Auschwitz wird von der Roten Armee befreit.

13./14. Februar: Alliierter Luftangriff auf Dresden

5. bis 11. Februar: Die Jalta-Konferenz legt unter anderem Entmilitarisierung und Reparationszahlungen für Nachkriegsdeutschland fest.

29. März: Sowjetische Truppen erreichen Österreich.

20. April: 2,5 Millionen sowjetische Soldaten beginnen den „Sturm auf Berlin".

30. April: Selbstmord Hitlers in Berlin

8. Mai: Bedingungslose Kapitulation der deutschen Wehrmacht

22. Juni: Die letzten Verteidiger der zum japanischen Mutterland gehörenden Insel Okinawa ergeben sich.

6. August: Die USA werfen die erste Atombombe auf Hiroshima, gefolgt von der zweiten Bombe am 9. August auf Nagasaki.

2. September: Japan kapituliert.